见识城邦

更新知识地图　拓展认知边界

第二次世界大战

黑暗的年代

[英] 诺曼·斯通 著
美同 译

WORLD WAR TWO

1939

II

1945

A Short History

NORMAN STONE

中信出版集团 | 北京

图书在版编目（CIP）数据

第二次世界大战：黑暗的年代 /（英）诺曼·斯通著；美同译 . -- 北京：中信出版社，2020.4（2025.9 重印）

书名原文：World War Two：A Short History

ISBN 978-7-5217-0757-1

Ⅰ．①第… Ⅱ．①诺… ②美… Ⅲ．①第二次世界大战－历史－通俗读物 Ⅳ．① K152-49

中国版本图书馆 CIP 数据核字 (2019) 第 126886 号

第二次世界大战：黑暗的年代

著　　者：［英］诺曼·斯通

译　　者：美同

出版发行：中信出版集团股份有限公司

（北京市朝阳区东三环北路 27 号嘉铭中心　邮编　100020）

承 印 者：北京通州皇家印刷厂

开　　本：880mm × 1230mm　1/32　　印　　张：8.5　　字　　数：180 千字

版　　次：2020 年 4 月第 1 版　　印　　次：2025 年 9月第10次印刷

京权图字：01－2014－4222

书　　号：ISBN 978－7－5217－0757－1

定　　价：45.00 元

鲜血、苦干、眼泪和汗水。

对一些专有名词的说明

在有关第一次世界大战的研究中，作者和读者最关心的莫过于要严格一致地使用那些频繁改换的地名。我往往倾向于使用那些历史上有重大意义，而在当地目前不再使用的地名。要在这些事物上都做到正确无误是不可能的，我只能将阅读方便放在最重要的位置。

目 录

前　言

1914 年的欧洲看上去非常壮观，当时，各国的首都都修建了巨大的辉煌建筑，显示出胜利的意味。比如伦敦的莫尔大街，占据世界土地四分之一的大帝国的中心就在这里；比如维也纳新建的霍夫堡皇宫，那里的民众想必已经把它当作了一件展品，而整个城市就是博物馆本身；比如布达佩斯的千年纪念碑，用以庆祝匈牙利人进入中欧 1 000 年；再如罗马用来纪念维托里奥·埃马努埃莱二世（Victor Emmanuel Ⅱ）的多层蛋糕样子的巨型宫殿；还有巴黎，尽管巴黎已经拥有了拿破仑一世的建筑，而它此时的胜利荣耀则主要体现在亚历山大三世桥上。如果你是欧洲人或者美国人，你就会把自己想象成宇宙的主宰。即便不是在上面这些著名的首都，在别处，人们也修建了一些华而不实的建筑来彰显胜利，比如统治着刚果的布鲁塞尔。不过，在这些建筑当中，最惊艳的一座并不在欧洲，而是英国皇冠上的那颗明珠——印度，它就是由埃德温·勒琴斯（Edwin Lutyens）爵士所设计的新德里城。印度总督寇松（Curzon）勋爵曾在1904年说，英国将永远统治印度。然而实际上，英国人在1947年就不得不离开印度。而且到了那个时候，欧洲这些辉煌的都城不是被摧毁，就是被战争蹂躏得破败不堪。柏林市中心只剩下遍地的瓦砾。在胜利大街，勃兰登堡统治者笨重的半身像前杂草丛生，灌木焦黑，从附近动物园里跑出来的动物尸横遍野。20世纪的欧洲开始于一片盛况。当时，全世界的统治者基本都来到了伦敦参加维多利亚女王的葬礼。然而，没等这个世纪走完一半，帝国的演出就在1945年落下了帷幕。

从第一次世界大战开始到第二次世界大战结束，时间仅仅过去大约30年。在这期间，只有20世纪20年代的后半段没有出现大的灾难。在1914年之前，除去一些悲观的作家，所有人都认为世界在进步。赫伯特·乔治·威尔斯（H. G. Wells）就是这一观念的主要宣扬者——科学将拯救人类。然而，到了1945年，威尔斯在他的最后一本书《心智的极限》（*Mind at the End of Its Tether*）中却表现得极为悲观。这一次他又猜错了。1945年过后，至少1947年马歇尔计划[①]开始实施以

① 马歇尔计划（The Marshall Plan），即欧洲复兴计划。第二次世界大战结束后美国对西欧各国进行经济援助，协助重建。——编者注

后，和平与繁荣就成了世界的主旋律，长达 30 年的噩梦也逐渐远去。整个世界，尤其是西方世界的生活又回到了 19 世纪末期。在 19 世纪最后的 40 年里，世界经济获得了自现代史以来最大的飞跃。马车变成了汽车；医院也成了康复的地方，而不再是人经由感染和疼痛走向死亡的场所；电影、飞机、心理分析、摩天大楼、电话等新鲜事物都出自这一时期。在这期间，人的预期寿命得到了极大的提升，人口数量翻了一番。在社会生活领域，当时的发展变化也是极为惊人的。对自然科学家来说，1910 年的世界是一个神奇的世界。不需要护照，不需要花很多钱，他们就可以参加由比利时工业家埃内斯特·索尔韦（Ernest Slovay）组织的国际聚会，与全世界"最优秀的大脑"一起讨论数学和物理问题，比如亨利·普安卡雷（Henri Poincaré）、阿尔伯特·爱因斯坦（Albert Einstein）和玛丽·居里（Marie Curie）。在教育方面，大多数国家进行了教育改革，使许多中学超越了今天的大学；民众熟知《圣经》和自己国家的经典著作；音乐表演的水平已经非常之高；出版繁荣，像托马斯·曼（Thomas Mann）这样的严肃作家或者像理查德·施特劳斯（Richard Strauss）这样的作曲家（虽然两人花钱都比较精打细算）都能够成为富有的人。但是，作家们的悲观还是得到了验证，因为第一次世界大战就是从这样的繁荣中脱胎而来，而且没过多久，第二次世界大战又接踵而至。这究竟是什么原因？

当然，简单地说，这一切都是因为——德国。由奥托·冯·俾斯麦（Otto von Bismarck）缔造的德国取得了极大的成功。与俾斯麦相比，德国的其他统治者全部黯然失色。随着德国的崛起，德国人开始轻视斯拉夫人。此外，几百万波兰人西迁到西里西亚半岛和鲁尔工业区，逐渐融入了当地的社区。普鲁士国王一直都把学习波兰语作为理所当然的事情，直到威廉二世（Kaiser Wilhelm Ⅱ）那位信奉民族自由主义的父亲阻止他学习波兰语时为止。整体上看，普鲁士与俄罗斯帝国的联系一直非常紧密。俄罗斯帝国的皇帝有很多是德国人，或者具有德国血统，受德国影响极深。不过到了 19 世纪 90 年代，由于俄罗斯帝国成了落后与野蛮的代名词，情况随之发生了变化。不仅如此，俄罗斯帝国甚至与德国的敌人法国结成了军事盟友，同时也从法国获得了大量的投资。到了 1914 年，这一战略已经颇见成效，俄罗斯帝国正在快步赶上。与此同时，德国的军方人士也大为惊慌，他们担心德军不得不两线作战，进而遭遇失败。德国的惊慌产生了非常广泛的影响。当时，奥匈帝国的哈布斯堡王朝和奥斯曼土耳其帝国正在走向崩溃，后者尤甚。但是，奥斯曼土耳其控制着伊拉克的石油资源和博斯普鲁斯海峡，而俄罗斯最重要的谷物贸易和许多其他行动都需要通过这一海峡。在 1911 年到 1912 年之间，当博斯普鲁斯海峡短暂关闭时，俄罗斯帝国南部的经济也几乎陷入了停滞。在所有这些问题上，德国与俄罗斯发生正面碰撞在所难免。

问题在于，除俄罗斯之外，德国与其他国家也成了敌对国。1870 年被俾斯麦击败后，法国从未真正服输，他们卧薪尝胆，建立了一支庞大的陆军和一支有望成就霸业的海军，他们甚至征召僧侣入伍并且开始奉行一种扩张式的外交政策，还与俄罗斯帝国结成了同盟。不过，由于英国仍然保持中立，法国的野心也还只是野心。可是，德国在世纪之交犯了一个巨大的错误。它规划了一支海军，准备奉行“全球策略”，即成为一个大帝国。然而，德国的军舰与英法两国的不同，为了保护海外贸易和殖民地，英法两国的军舰在全世界航行，因此需要巨大的储煤仓，但是受制于重量，它们的装甲钢板就要轻薄一些。德国的军舰只有很小的储煤仓，这样它们就可以安装厚重的装甲钢板。英国过了很久才认识到，德国军舰确实只想待在欧洲的海域，而且它们比英国军舰更坚固。德国海军的目的在于通过欺压和敲诈英国来获取让步，首先是英国在中国的利益，而后是英国在曾为奥斯曼土耳其帝国领土的中东地区的利益。1914 年前德国军舰频繁出没在北海，带来了类似于 1939 年之前希特勒所指挥的空军的震慑力。然而，德国的咄咄逼人不仅没有使英国屈服，反而导致英国与其他国家结盟。1902 年，英国与日本结盟，此举减轻了英国在远东的压力。1904 年，英法两国建立了半结盟的关系（“友好协定”）。表面上看，各国都在争夺包括北非在内的殖民地。英法两国曾在埃及发生对抗。英国先在那里建立了保护国[①]，驱逐了法国人。法国随即在摩洛哥站稳了脚跟，并且向各国寻求支持。后来，两国达成了协议，摩洛哥归法国，埃及归英国。实际上，这是两国海军在划分势力范围，英国划走了北海，法国划走了地中海。不久后，类似的协议再次扩充，英国与俄罗斯帝国结盟，并在 1911 年之后与法国约定，如果德国进攻法国，英国就将为法国提供军事援助。弗洛伊德（Freud）发现了一种神经症，患者的噩梦会成为现实，而德国正是这样的患者。

《源于幻觉的战争》（*War of Illusions*）是描写“一战”最著名的德语著作之一。从中，我们可以发现一件不同寻常的事情，那就是，接受过高等教育的人会自信地把很多事情当作真理，结果到头来却发现大错特错。这样的“真理”不胜枚举。比如战列舰是至关重要的，比如黄金就是信用，再比如封锁出口会引发革命，要塞能阻挡入侵，士气能决定胜败，等等。此外，各国对国家荣誉的讨论也甚嚣尘上，然而正如

① 受强国支配和保护的国家或地区，殖民地形式的一种。——编者注

福斯塔夫（Falstaff）所说："什么是荣誉？一个名词而已。荣誉这个词算什么呢？荣誉是什么呢？不过是空气而已。"1914年，欧洲人的帝国世界似乎正在倾覆，地缘政治构成也在发生变迁，这一切都是因为俄罗斯帝国正在快步赶上。德国惶恐不安，它的统治者试图瓦解俄罗斯帝国，并以柏林为中心建立某种形式的欧洲联邦国家，使自己的疆域包含俄罗斯的主要地区。欧洲人的最后一个大幻觉是：战争将是短暂的。然而，1914年9月9日爆发的马恩河战役彻底戳破了幻想的泡沫，欧洲人开始领教到真正的现代战争的威力。在1914年之前，欧洲受困于两个相互关联的难题，一个是社会冲突，一个是奉行帝国主义的国家主义。到了1917年，这两大难题集中爆发，不仅俄国发生了共产主义革命，美国也卷入了战争，这意味着欧洲的帝国主义将走向终结。"一战"后签订的一系列和约只不过是暂时的妥协，并没有太大的效力，无论在道德判断还是条款执行方面都是如此。

1919年6月签订于法国凡尔赛宫的《凡尔赛和约》标志了"一战"的结束，然而，这份和约中仍然充斥着各种各样的幻觉。正如一位法国人所言，《凡尔赛和约》过于宽容。1919年的形势是人为造成的。德国和苏俄被排除在了讨论之外，英法两国似乎在制订欧洲的规则。在美国的支持下，他们在东欧和中东建立了一系列国家。波兰得到了重建[①]，占据了原本是俄罗斯帝国西部领土的广大地区，那时波兰人只占这个国家总人口的 2/3，另外还有 300 万犹太人，占波兰人口总数的 10%。捷克斯洛伐克[②]和南斯拉夫[③]是多民族国家，占据主导地位的民族是受法国支持的捷克人和塞尔维亚人。罗马尼亚的疆域也得到了扩展，但其民族构成并没有发生像波兰一样的变化。在原来的奥斯曼土耳其帝国的领土上出现了一系列新的国家。伊拉克由土耳其帝国的 3 个省组成。叙利亚和黎巴嫩的存在只有与伊拉克一并考虑才说得通。在巴勒斯坦，即未来的以色列，犹太复国主义者和阿拉伯人一直在发生冲突，直到 1926 年。在沙特阿拉伯，宗教狂热十分猖獗。在 2012 年回望一个世纪之前，意大利人于 1911 年入侵奥斯曼帝国的利比亚地区，预示了第一次世界大战的爆发。在一个世纪之后的 2012 年，回望这些历史，发现上述的这些国家只有现代的土耳其仍运转正常是件颇为感慨的事情。爱尔兰和文学繁荣都是战后产物。被《凡尔赛和约》奉为圭臬的“人民自决”原则执行得很不充分，战胜国所支持的议会政府也

① 1795 年，波兰亡国，1919 年，在协约国的帮助下，重建了波兰。——编者注

② 1918 年，奥匈帝国解体，随后捷克斯洛伐克共和国成立。——编者注

③ 1918 年，第一次世界大战结束后，塞尔维亚-克罗地亚-斯洛文尼亚王国成立，随后更名为南斯拉夫王国。——编者注

运转不灵，尽管宪法依旧被严肃地制定出来，选举也次第进行。（在土耳其东北部的西南高加索共和国，投票人需要把石头扔进两只铁桶当中的一只，而旁边就是监视投票的土耳其士兵。）德国集合了魏玛共和国的教授和其他社会贤达，制定了一套无可指摘的民主选举制度——包括全民公投、比例代表制、妇女投票权，而且各邦国（最大的邦国是普鲁士）都有自己的议会，并进行独立的选举。德国的议会民主制跌跌撞撞地持续到了1929年，随后就遭遇了世界经济的大萧条。

大萧条为何会发生？这是20世纪最为重大的问题。“资本主义”（我们不得不这样称呼）已经获得了极大的成功，这使西方世界沉浸在了高人一等的幻想当中，于是才产生了这些“临时拼凑的、华而不实的帝国”，这是杰克·加拉格尔（Jack Gallagher）在《新编剑桥世界近代史》（*The New Cambridge Modern History*）中所说的话。西方世界的成功原因之一是经济学家约瑟夫·熊彼特（Joseph Schumpeter）所说的“创造性破坏”的商业循环，即懒惰和鲁莽的经营者经营不善，于是他们的财产便被更有活力的竞争者低价获得。例如，在19世纪70年代，意大利的银行对每一笔交易都进行严格的审查，放贷也极其小心。这种迟缓老旧的银行很快就被富有远见的德国犹太人所取代，他们在水电方面进行的长期投资也得到了非常多的收益。结果，竞争失败的一方就变得愤愤不平。到了 1929 年，形势更加恶化。美国人撤走了资金，导致德国马克大幅贬值，英镑紧随其后，国际贸易也暴跌 2/3，法国经济的“负增长”甚至持续到了 1938 年。这是一场巨大的灾难，虽然有人把它拿来与今天的经济危机（2012 年）相比，但是二者的严重程度完全不能相提并论。在大萧条中，美国和德国的失业人数分别达到了 2 500 万人和 600 万人。即便这一数字也是非常保守的，因为德国妇女的失业人数基本没有计入统计。直到德国开始重整军备后，失业问题才得以解决。所以，德国的知识分子发生左转一点儿也不奇怪。不过，经济危机实际上是战争债务所导致的结果。更常规地讲，它是由“一战”带来的紧张、悲观的气氛所造成的。与此同时，美国还没有适应全球霸主的新角色，而且科技迅猛发展，导致机器大范围取代人工。不过，随之而来的大萧条实际上并不是“资本主义”所导致的，它仍然是第一次世界大战的产物。

大萧条把德国的议会政府赶下了台。魏玛时期的德国政权一直不够稳固，只能在大环境良好的时期存活，而且民主政权依赖党派间的联合。在 1929 年，一个由 5 个党派组成的政府开始了统治，但在第 2 年的 3 月就因为刚刚出现的经济滑坡而倒台。对此，右派的自由主义者们说，失业者应当为自己缴纳更多的保险费，而温和的社会主义者们却主张，这笔钱应当由雇主来缴纳。就这样，小至 0.25% 的差别导致了政府的垮台。当然，问题其实不止这一点。随后的德国没有一个政党能够在国民议会中占据多数，直到 1933 年 1 月，希特勒成为德国总理时为止。在奥地利、波兰、罗马尼亚和希腊，独裁者和半独裁者次第上台。西班牙爆发内战，从 1936 年打到了 1939 年。西班牙元首弗朗西斯科 · 佛朗哥（Francisco Franco）每天签发多达 3000 道死刑执行令。在莱茵河东岸，只有两个国家仍然可以算得上是文明国家，一个是类似自由主义哈布斯堡君主国的法治国家捷克斯洛伐克，另一个是保守的匈牙利。在后者那里，老派的贵族政治仍然发挥着相当大的影响。1922 年，墨索里尼（Mussolini）为 20 世纪 30 年代的法西斯主义进行了一系列成功的彩排。在 1920 年，意大利的经济已经崩溃，在随后的两年里，意大利经历了近乎独裁的统治。意大利的法西斯势力脱胎于战时的一个半军事化组织，很快就控制了意大利全境，并为希特勒树立了榜样。德国的法西斯统治也获得了极大的成功。无论出于什么原因，到 1936 年，德国的失业人数已经下降到了 100 万。尽管与英国人相比，德国人的生活还相当清苦，但是德国的经济确实已经重新走上了发展的轨道，德国人也开始展现出强势的一面（大多数英国人都本能地厌恶这一点）。

不过，希特勒的上台实际上是权力真空的结果，它为希特勒提供了掌权的理由。战后秩序原本由总部设在日内瓦的国际联盟来确定，但是它无力阻止德国再次表现出称霸的野心，这只是时间问题。问题在于，一个怎样的德国会称霸？欧洲需要一个体面的德国，然而法国绞尽脑汁地从中阻拦。在 1931 年，法国甚至拒绝与英国合作来维持德国经济的正常运行。最终，法国的愚蠢算盘逐一落空。德国的魏玛民主政治已经沦落到依靠总统的紧急法令维持统治的地步，国民议会已经完全失去了作用。象征国际金融与贸易秩序的金本位制导致了严重的通货紧缩，进而抑制了所有的经济活动，各国的中央银行却仍旧自信满满。德国人已经把自己与金本位制捆绑在了一起，这么做的部分原因是为了偿付《凡尔赛和约》所规定的赔款。德国开始重整军备，以便应对大规模的失业。为了应对德国的威胁，各国展开了一系列的行动。但是无论国际联盟、马奇诺防线，还是由捷克斯洛伐克、罗马尼亚和南斯拉夫组成的军事联盟小协约国（不包括波兰）都无法阻止德国。而且，这些行动还有危险的一面，由于它们的存在，绥靖政策[①]反而更容易掩人耳目。对此，艾伦·约翰·珀西瓦尔·泰勒（A. J. P. Taylor）在《第二次世界大战的起

① “二战”前，绥靖政策最积极的推行者是英国、法国、美国，指不抵制侵略，与侵略者勾结、妥协的政策。——译者注（以下非特殊说明均为译者注）

源》(*The Origins of the Second World War*)一书的最初 100 多页中进行了极为精彩的描述。当然，在两次世界大战之间的 20 年里，欧洲人仍然饱受“一战”痛苦记忆的困扰。在“一战”当中，法国被严重削弱，马奇诺防线实际上只守护了一个空壳。法国小说家路易-斐迪南·塞利纳(Louis-Ferdinand Céline)所写的《缓期死亡》(*Death on the Installment Plan*)对此进行了描写，可以算作乔治·奥威尔(George Orwell)所写的《上来透口气》(*Coming Up for Air*)的苦难版本。问题在于，西方各国对希特勒的要求做出了让步，而在此前，对于魏玛共和国外交部长古斯塔夫·施特雷泽曼(Gustav Stresemann)所提出的同样的要求，西方各国都表示了拒绝。为了推动德国复苏，希特勒意图从德国东侧扩大领土，以此来获得类似英美两国所拥有的经济腹地。他认识到，只要自己以武力威胁，并且称自己拥有压倒性的军事优势，西方各国就会做出让步，甚至还会鼓励他把矛头指向东方。于是，在斯拉夫人的代价之上[①]，希特勒开始建立自己的帝国。

于是，在希特勒的统治下，德国挑起了第二次世界大战。由于希特勒成功地戳破了《凡尔赛和约》所代表的谎言和伪善，希特勒在国内成了极受欢迎的人。他不仅复兴了德国的

① 希特勒仇视犹太人和斯拉夫人。

经济，而且在德国民众中享有了巨大的影响力。从此，德国人不再被复仇心切的法国所凌辱和剥削。在这一过程中，希特勒也激起了英国的反对。1939 年夏，希特勒认为他能在英国的默许下获得波兰的领土。他出人意料地与斯大林缔结了秘密协定。当时，英国对波兰已经无能为力，甚至不愿尝试救援波兰。但希特勒还是打错了算盘。英国权力发生更迭，随后，英国向希特勒发出了最后通牒。结果，战争再次爆发，英国、苏联、美国也将与德国再一次交战。而这一次，双方的武器更具破坏力。在坦克和飞机的轰鸣声中，战线的频繁变化远远超出了 1918 年。6 年后，大战结束，中欧成了一片焦土。在荷兰与德国的交界处有这样一处标识："此地乃文明世界之尽头。"不过，在此之后，欧洲的情形终于出现了转机——德国问题获得了解决，德国在很多方面都成为样板，美国也展现出了 1919 年时所不曾有的责任感，战争已经成为不可思议的过去。

1945 年成为时代转换的标志。在此之前，世界为欧洲的各大帝国所统治。早年的教科书（现在已经过时了）向我讲述了 1950 年时英国对印度所做的各种好事。当时，包括印度在内，超过全世界 1/4 版图的地方都被涂成了与英国一样的红色。温斯顿 · 丘吉尔于 1874 年诞生在英国一个显赫的贵族家庭，当时还是前电气时代，他算是老派的政客，而他的宿敌阿道夫·希特勒也是如此，不过希特勒的老派与丘吉尔不同。希特勒于 1889 年诞生于德奥边界，在他十几岁的时候，电力这种创造神奇的能量已经开始应用于生活。建筑、交通、医学、无线电等领域均充满了无尽的可能。后来，希特勒迷上了机械，这一点要甚于丘吉尔，丘吉尔的兴趣主要在军事方面。在德奥边界，民众对天主教的残酷统治怨愤满胸。天主教曾动用大军压迫清教徒，于是早年的希特勒对基督教道德充满了强烈的憎恨。对包括希特勒在内的很多人来说，在他们年轻的时候，反基督教思想对他们的影响远远超出了反犹主义。注重原始证据研究的杰出历史学家布里吉特·哈曼（Brigitte Hamann）认为，希特勒反犹是后来的事。与他一贯的恶毒相一致的是，希特勒迫害了曾经待他很好的那对犹太老夫妻。希特勒早年在维也纳生活，向游客售卖水彩颜料，并且经常在这对老夫妻的铺子里躲雨。到了 1945 年，希特勒的民族主义也成了过时的东西。他注重科技，笃信意念制胜，主张淘汰弱者。希特勒的旧欧洲从他深埋地下的地堡里走向消亡，德国电影《帝国的毁灭》（*Downfall*）生动地再现了这一历史时期黑色闹剧般的场景。1945 年，随着原子弹的爆炸，一个新的世界开启了大门。1951 年，丘吉尔开始了他最后一届的首相任期，之后也退出了历史舞台。

很久以后，我开始接触德国，阅读德国历史，并且偶然碰见了曾经参与了希特勒战争机器的组成人员。我想，其中最不同寻常的就是阿尔贝特·施佩尔（Albert Speer）[①]。1981年，在为英国广播公司制作一档关于希特勒与艺术的电视节目时，我们采访了曾经担任希特勒的建筑师和战时军备部长职务的施佩尔。当时，曾服刑20年的施佩尔已经76岁高龄。他答应前来，让我们着实吃了一惊。那是一个周末，在当时的伦敦，每到节假日，店铺就关门歇业，我只得带他去住布朗酒店，并且听他讲第三帝国。谈话中，我吃惊地发现，施佩尔竟然不知道有关纳粹选举的一个重要事实，即清教徒比天主教徒更支持纳粹。我猜想，这是因为施佩尔对宗教不感兴趣。此外，我还惊奇地发现（其实我不该感到奇怪），他竟然为英国轰炸德国城市而辩护，原因在于，英国的轰炸促使德军从前线抽调了大量的部队守卫本土。不知是什么原因，当晚的气氛十分悲伤。不过，我们在第二天顺利地进行了采访。施佩尔精神不错，不过他说的话很可能以前都说过。随后，在现场所有女性的赞赏当中，精神饱满的施佩尔返回了酒店，接着就死在了那里。我与第三帝国的另一次偶然的联系与约瑟夫·门格勒（Josef Mengele）有关，他就是在奥斯维辛集中营

① 阿尔贝特·施佩尔（1905—1981），德国建筑师，希特勒的密友，曾负责军需生产，使纳粹军备获得巨大提升。

用活人做基因实验的那位恐怖医生。据说，当犹太人被运抵集中营时，有人会站在火车站台上，把有劳动能力的犹太人从中挑选出来，那个人就是门格勒，其他的犹太人则直接被送往毒气室。门格勒在最后时刻才离开奥斯维辛集中营。离开时，他携带了一箱眼球和人体组织标本，并拿给他在法兰克福的老师看。当然，教授看到后大为震惊，直接把他轰了出去。1979 年，门格勒死在了巴西。因为我采访了门格勒的儿子，他的一家人这才为公众所熟知。门格勒的儿子是一个有同情心且直爽的人，由一位体面的信奉社会民主主义的继父养大，16 岁时才得知自己的身世。他曾经到巴西看望自己的父亲，结果两人相处得非常不愉快。门格勒是一个心胸狭窄的人，与一个从罗马尼亚逃难的日耳曼族妇女生活在一起，他不停地因为一点小钱与她争吵。门格勒写了一本呆板的小说，写的是战后他从德国逃亡的生活。他写道，如果你从意大利的蒂罗尔到达热那亚，你就能得到红十字会发放的去往阿根廷的护照。在阿根廷，门格勒以自己的名字为店名开了一家小店。门格勒的儿子说，当门格勒的大学取消他的博士学位时，他原来在奥斯维辛集中营的同事进行了抗议，这一点差不多是可信的。优生学，即“种族研究”，并非纳粹的专利。在各领域都有进展的 1910 年，西方世界都在关注这一学科。直到20世纪70年代，瑞典还在对萨米人[1]实行绝育政策，因为他们认为萨米人不配生育。考虑到施佩尔的才华和门格勒的研究，你就能理解丘吉尔在1940年讲下面这段话的原因：

> 希特勒懂得，必须把我们粉碎在这个岛上，否则他就输了这场战争。如果我们能顶得住，全欧洲都将获得解放，全世界的人民就有可能进入一个阳光普照的广阔高地。但是，如果我们失败了，全世界，包括美国和所有我们熟悉且关心的国家，都将坠入一个新的深渊，一个扭曲了科学、更加凶险或者可能更加漫长的黑暗时代。那么就让我们振作精神，承担起自己的责任，让我们干出名堂来——倘若英联邦和英帝国再存在1 000年，到那时人们还会说："这是他们最光辉的时刻。"

在1940年抵抗德国是不理性的，基于同样的原因，在1939年向德国宣战也是不理性的，但是，希特勒让人无法理性面对。所有人都从内心知晓，另一场大战正在临近。而精

① 又译拉普兰人（Lapps），居住在北方极地的土著民族。

明的英国人也知道，最佳的选择是学会飞翔。在 1936 年，我的父亲，格拉斯哥大学一位崭露头角的律师，正是这样做的。他在格拉斯哥市 602 空军中队服役，并且参加了不列颠空战。后来，他被调离前线，开始培训当时急需的飞行员。历史学家马克思·黑斯廷斯（Max Hastings）说，英国皇家空军没有合适的人员来维护飞机，在 1942 年 2 月，我的父亲在威尔士上空坠机离世。我还保存着他的指南针。不过，这是一个美好的世界。父亲的同事们凑了一笔钱，资助我上了格拉斯哥学院。我欠他们很多，因此谨以此书献予他们。

两次大战之间

1919 年 6 月签署《凡尔赛和约》

第一次世界大战结束的时候，时年29岁的阿道夫·希特勒还是一名德国陆军下士。当时，他正在德国北部的一家陆军医院养伤。此前，他受到毒气攻击，双眼暂时失明。听到德国战败的消息，希特勒痛不欲生。德国已经打了4年半的仗，胜利在望。即便临近战败，德国仍然占据着欧洲西部和俄国西部的大部分土地。然而，在1918年11月，德意志帝国的军队却在一瞬间土崩瓦解。醉酒的水兵和喧闹的罢工者引发了暴乱。仓皇中，德国皇帝逃往国外，并将权力留给了新的统治者——左翼和他们的盟友。11月11日，新政府与协约国代表签订停战协议，“一战”结束。据希特勒回忆，他当时流下了痛苦的眼泪，因为战争本可以打胜。他说，如果不是因为高层统帅那帮傻瓜和阴险狡诈的犹太人，还有左派势力和那些感情用事的学者搞破坏，胜利早已经是囊中之物了。现在，一切努力都已徒劳。部队必须退回莱茵河，放弃俄国西部的土地。而那里正在被共产主义者所占据。

流下痛苦眼泪的不仅仅是希特勒，因为 11 月的停战并不是痛苦的终结。由于英国的封锁，德国的城市正陷于饥饿当中。此后，封锁仍将继续。由于缺乏维生素 D，维也纳的很多儿童都得了佝偻病，导致两腿成了 X 形或 O 形。由于法国不依不饶，协约国军队随后占领了莱茵河西岸的莱茵兰地区，这里是德国的前哨阵地。法国人提出天价索赔，美其名曰“战争赔款”，数额高达 1 320 亿金马克[①]，到 2010 年才支付完毕。这些赔款意在摧毁德国经济，以防德国重整军备，甚至防止德国经济得到恢复。

对战争的记忆让中欧痛苦了 20 年。1919 年，取得胜利的协约国齐集巴黎，拟定和平条约。据很多人描述，当时的气氛非常反常。习惯道德说教的美国总统伍德罗·威尔逊[②]一心想建立某种世界新秩序，一时间被捧到了天上，身边总是围绕着欢呼的人群。此时的美国财大气粗，盟友都欠它很多钱，所以美国远比从前更有能力改变这个世界。然而纵观整体，当时的美国并没有做到这一点。不像在“二战”后，美国凭借马歇尔计划等一系列举措主导了战后经济的恢复。美国为国际贸易提供资金，鼓励欧洲国家放弃贸易保护主义，最终

① 金马克是德意志帝国在 1873 年到 1914 年期间发行的货币，以取代各邦国自己发行的货币，实行金本位制。1 320 亿金马克相当于 4.7 万吨黄金。

② 伍德罗·威尔逊（1856—1924），美国第 28 任总统（1913—1921），民主党人。

缔造了法国所说的“30年的繁荣”（因20世纪70年代中期的石油危机和经济“滞胀”而终止）。在官方照片中，“一战”的胜利者们看着恼怒的德国代表乌尔里希·冯·布罗克多夫-兰曹[①]在《凡尔赛和约》上签字，那场面恰似总统山[②]的讽刺漫画。大英帝国在它广阔领土上又增加了几百万英亩[③]的土地，其中一部分甚至一度是原奥斯曼土耳其帝国领土的中东地区。此外，英国也没收了阻碍其贸易活动的德国舰只。法国也在中东地区获得了一块土地，并且期望在未来的几十年里获得战争赔款。美国则在是否介入旧世界[④]的问题上分作了两派。威尔逊总统有一个设想，他想让这次大战成为终止战争的战争。他大力宣扬民主和民族自决，然而美国的民主是三权分立，参议院[⑤]不负责执行条约条款。美国人，至少是主要的共和党参议员甚至不愿意让美国加入联合国的雏形组织——国际联盟。这一机构是为了方便美国总统威尔逊向各国布道而特别设立的。一位法国将军看着眼前发生的这一切，说了一

① 乌尔里希·冯·布罗克多夫-兰曹（Ulrich von Brockdorff-Rantzau，1869—1928），德国外长，后任德国驻苏联大使。

② 总统山，又称拉什莫尔山，坐落于美国南达科他州拉什莫尔山国家纪念公园，内有4座美国前总统头像，他们分别是乔治·华盛顿、托马斯·杰斐逊、西奥多·罗斯福和亚伯拉罕·林肯。

③ 1英亩约等于4 000平方米。

④ 泛指亚非欧三大洲，相对哥伦布发现的美洲新世界而言。

⑤ 参议院是国会的一部分，又称上院。与之相对的是众议院，又称下院。国会享有立法权。

句话："这不是和平条约，而是为期20年的停战条约。"一语成谶。

《凡尔赛和约》需要德国的配合来执行，这是和约中最不稳定的因素。1918年11月，为了争取美国的同情，德国人使尽浑身解数来把自己打扮成为一个议会民主国家。他们赶走了威廉二世[①]，并于翌年2月在德国小城魏玛起草了共和宪法，赶在了《凡尔赛和约》签订之前（《凡尔赛和约》签订于1919年6月）。这部宪法反映了日耳曼民族一板一眼的做事风格。所有阶层的公民都可以参选；选举采用比例代表制；妇女也有选举权（在当时的法国，妇女没有选举权）；实行联邦制；只要有足够的国会议员签名同意，国家就可以举行全民投票。这样一来，在处理重大事件的时候，名为国民议会的国会就有可能陷入瘫痪，于是总统只能依靠紧急法令来治国。联合政府对于和约条款的执行摇摆不定，一旦执行得多了，政府就将失去信任。最后，法国终于认识到，他们无法再要求天价的赔偿。美国也进来插了一脚，向德国提供了一笔贷款。于是，在随后的几年当中，德国回归了伍德罗·威

① 威廉二世（Kaiser Wilhelm II，1859—1941），德意志帝国末代皇帝，1888—1918年在位。

尔逊继任者沃伦·哈定[①]所称的“常态”。[②]

在20世纪20年代初期，希特勒在整个德国获得了右派煽动家的名号。当时，军方雇用希特勒在慕尼黑做间谍工作。有一天，希特勒偶然混进了一个小团体的会议，这个小团体名为民族（其实是“排外”）社会主义（其实是“窃取”）德国（其实是“反犹太”）工人（其实是“中下阶层”）党。在那里，他发现了自己的杰出天赋——公众演说。一般来说，德国人并不擅长这一点，他们只会教训人，或者大喊大叫。希特勒是一位出色的模仿者，而且擅长表演，他能把语言运用得出神入化（西格蒙德·弗洛伊德[③]、卡尔·克劳斯[④]、弗朗茨·韦费尔[⑤]，还有布拉格的弗朗茨·卡夫卡[⑥]都有这种本事）。而且，希特勒碰巧是一个反犹太主义者。在当时的经济困难时期，犹太人的生活比德国人和奥地利人更好，所以反犹思想比较盛行。犹太人掌握着巨额财富和自由派媒体，也

① 沃伦·哈定（Warren Harding，1865—1923），美国第29任总统（1921—1923），共和党人，1923年因心脏病突发于任内病逝。

② 1920年，沃伦·哈定竞选时提出“回归常态”口号，主张采取“一战”前的自由放任的经济政策。

③ 西格蒙德·弗洛伊德（Sigmund Freud，1856—1939），奥地利心理学家，精神病医师，精神分析学派创始人。

④ 卡尔·克劳斯（Karl Kraus，1874—1936），奥地利作家，记者。

⑤ 弗朗茨·韦费尔（Franz Werfel，1890—1945），奥地利作家，诗人。

⑥ 弗朗茨·卡夫卡（Franz Kafka，1883—1924），奥地利作家。

开办时髦的美术馆。不过，他们推销的绘画却被自诩为艺术家的希特勒所憎恶。在演说当中，希特勒大肆宣扬要进行一场报复性的战争，并鼓吹成立民族主义政府，解散腐败的国会。他的偶像是一个意大利人——贝尼托·墨索里尼[①]。墨索里尼曾经是一位记者，他在报纸上发表了很多文章鼓吹战争。后来，他建立了法西斯政党（法西斯原本指19世纪末西西里岛反对资本家的农民和工人建立的劳动者法西斯组织），并于1922年夺取了权力。1923年，希特勒也想在德国夺取权力，但条件并不成熟，就连他的一些党徒也疏远了他。他在狱中待了几个月，其间口述了《我的奋斗》（*Mein Kampf*）[②]一书。在这本书里，希特勒不仅分析了德国的形势，还为未来的德国描绘了一幅壮美的蓝图。希特勒表示，德国必须避免再犯两线作战的错误；苏联是真正的敌人，德国要在东部与苏联争夺生存空间和原材料。他还说，共产主义者是犹太人。他这样写道：他们把所有的事情都搞坏了。在魏玛共和国[③]的黄金时代里，希特勒并没有得势。巴伐利亚的主教们也拒绝接受反犹太主义，因为这样做会吓走旅游者。此时的希特勒无

---

① 贝尼托·墨索里尼（Benito Mussolini，1883—1945），意大利法西斯党魁，独裁者。

② 1923年啤酒馆暴动后，希特勒在狱中写下了这本书。全书充满了民族主义狂热和对马克思主义、犹太人的仇恨，宣扬集权主义。

③ 1919—1933年的德国，其宪法是在小城魏玛的国民议会上通过的。

足轻重，甚至显得滑稽可笑。

到了1929年，形势开始对希特勒有利。这一年爆发了全球性的经济危机，导致德国真正意义上的议会政府土崩瓦解。德国人把自己的悲惨境遇归结到外国人身上，他们也怪罪犹太人把钱财转移到境外。德国马克面临压力，最终停止兑换。旅行者在边境遭遇搜查，甚至在伦敦旅行的舍恩贝格公主也得去给第三等级[①]的人兑换外汇的地方换取外汇。由于贸易收缩了2/3，依赖出口的德国很快就出现了600万失业者。在1932年的联邦选举当中，纳粹党获得了37%的选票，社会民主党和共产党分别获得了22%和14%的选票。国民议会无法形成多数意见，决定不了任何事情，只在解散国民议会一事上获得了多数的赞成票（唯一的例外是停止保证已婚妇女担任公职的投票）。柏林乱作一团。1933年1月，经过与保守势力的交易，希特勒在痛苦且充满仇恨的气氛中成为德国的总理。

新任总理的第一个重要会议是与德国的将军们一起开的。希特勒对他们说，他要重整军备。这样做可以让工业部门有事可做，也可以吸收一部分失业人员。但是，这样的做法会

① 有纳税义务的等级，区别于不需纳税、享有特权的第一等级（教士）和第二等级（贵族），一般包括农民、手工业者、资产阶级等。

违背《凡尔赛和约》，然而希特勒算准了西方各国不会做出反应。长久以来，希特勒一直醉心于飞机和汽车的制造。在他眼里，这两样东西不仅是新时代最典型的标志，而且它们摇身一变就可以成为战斗机和坦克。要不了多久，他就会吹嘘他已经拥有了大量的战斗机和坦克。然而实际上，希特勒夸大了它们的数目（不过英法两国都相信了）。与此同时，他的将军们开始绞尽脑汁研究这些武器该如何使用。这时，他们想起了 1918 年的战事。当时，英法两国军队把坦克和飞机结合在一起，获得了最后几场战役的胜利。重整军备的活动一直在持续进行。例如，德国的飞机工业一开始只有 3 000 名雇员，每年只能生产几十架飞机，而到了 1939 年，这一工业已经迅速膨胀为拥有 25 万雇员、年生产 3 000 架战机的庞大体系。这一巨大转变（另一个巨大转变发生在农业领域）使德国在 1936 年重新实现了充分就业，也让希特勒获得了如日中天的声望。当然，在这一过程中，德国也显露出一些恐怖的迹象。1934 年，希特勒血洗了纳粹激进分子，摆脱了他们的威胁。1935 年，反犹太主义在法律上得到了支持，当时的集中营里关押了 6 000 名囚犯。不过，这两件事都不是特别严重，所以许多人仍然可以争辩。他们认为，希特勒已经达到了他的目的，所以他的统治会更加宽容，至少伦敦是这么认为的。1936 年，在盛况空前的柏林奥运会光环里，这一观点得到了进一步的加强。

然而，希特勒的统治不但没有变得更仁慈、更温和，反而变本加厉。他掠夺犹太人的财富，并且把几十万犹太人驱逐出境。犹太人在离开德国时，丧失了2/3的财富，而这些财富被希特勒全部用在了武器的制造上。1936年夏，为了应对未来4年的防御战，以及未来7年的攻击战，希特勒制订了更加全面的军备计划。希特勒制订这份7年计划的原因之一在于，他认为德国的整个局势都依赖于他。而且，希特勒对自己的健康状况极为焦虑，他觉得自己也是凡人，终有一死。不过，希特勒对外声称的原因却是，苏联正在通过斯大林的5年计划进行快速的工业化。希特勒想要超过苏联，这是一场赌博。德国既没有足够的原材料来进行深度的军备竞赛，也没有外汇来购买石油、橡胶和非铁金属等飞机与机动作战所必需的原料。于是，德国开始着手制订一个耗资巨大的庞大计划来生产合成油料和橡胶，纳粹空军部长赫尔曼·戈林①也制订了一份4年计划，准备建造一座巨型的冶金工厂。此外，德国的极权统治也得到了进一步的强化。1936年，国家秘密警察（简称盖世太保）与纳粹党的精英力量党卫军②合并，并

① 赫尔曼·戈林（Hermann Goering，1893—1946），“一战”中的“王牌飞行员”，纳粹德国空军元帅，国会议长，纳粹党二号人物。

② 英文简称SS，德国纳粹党用来执行治安勤务的编制。

交由海因里希·希姆莱[①]指挥。

在1936年的夏天，世界局势开始利于希特勒在军事上施展拳脚。此时，西方的主要国家已经疏远了意大利。在1935年的10月，做着帝国梦的墨索里尼进犯了国际联盟的成员国——阿比西尼亚[②]。对此行径，注重品格的英国人尤为憎恶。第二年夏天，西班牙爆发了内战。由于一次有争议的竞选，西班牙的左翼政权遭遇了军事政变，但政变没有完全成功。西班牙国民军首领弗朗西斯科·佛朗哥[③]自称法西斯主义者。而由左翼执政的法国政府本来应当站在西班牙共和国一边，但它却没有这样做。与此同时，墨索里尼却派出军队和战舰攻击西班牙共和军，介入战争。西班牙内战持续了3年，被希特勒用作了飞机轰炸的试验场。同时，斯大林也利用西欧主要国家之间的分歧获得了很多好处。他希望战争一直持续下去，当西班牙共和军显示出战败的迹象时，斯大林就向他们提供武器援助，而当他们显示出战胜的迹象时，他又下令停止援助。当西班牙的无政府主义者在巴塞罗那[④]掀起一场

---

① 海因里希·希姆莱（Heinrich Himmler，1900—1945），纳粹德国内政部长，纳粹党重要头目，党卫军首领。

② 非洲东部国家埃塞俄比亚的旧称，首都亚的斯亚贝巴。

③ 弗朗西斯科·佛朗哥（Francisco Franco，1892—1975），西班牙法西斯独裁者，长枪党党魁。

④ 西班牙第二大城市。

名副其实的革命运动时，他又指使他忠诚的共产主义者对这次革命进行镇压。后来证明，1936 年的险恶氛围是希特勒展开军事行动的绝佳时机。3 月，德国军队向西跨过莱茵河，进入了法国和德国之间的莱茵兰地区。法国先前想要吞并这一地区，但是遭到了其他国家的反对。后来，这一地区成为不设防的非军事区。这样一来，法国既不必担心德国从这里进攻，它也随时可以从这里进攻德国。然而此时，以英国为首的势力全力阻止法国对德国的举动做出反应。他们想满足希特勒所需的好处，以此来换取他不再提出更多的要求，这就是著名的“绥靖政策”。

然而，当希特勒将莱茵兰地区重新军事化后，战争也不远了。在远东地区，另一场战争的脚步也越来越近，美国将直接参与其中。日本的历史与欧洲的一些国家非常相似，日本是与英格兰相似的岛国，认同与普鲁士相似的军国主义传统。“一战”结束后，日本对限制海军规模的国际协定①非常不满意。1930 年，当世界经济继续萧条之时，日本又遭遇贸易歧视。于是，日本的军国主义者决定攫取中国东北部的工业区，并于 1931 年派兵入侵。随后，遭到国际联盟谴责的日

① 即在 1922 年 2 月 6 日于美国华盛顿签署的《华盛顿海军条约》，用以限制海军军备。条约规定，美、英、日、法、意 5 国主力舰总吨位之比为 5∶5∶3∶1.75∶1.75。

本才发现自己没有盟国。希特勒有意与日本结盟，因为他需要日本来制衡当时是他主要敌手和攻击目标的苏联。于是在1936年，德国与日本签署了一份《反共产国际协定》。从此，日本在欧洲有了盟友，尽管这位盟友暂时还无法给它提供实质性的帮助。随后，1937年7月发生的一个事件引燃了远东战争的导火索。当时，日本军队距离北平[①]很近，中间隔着卢沟桥，这一事件正发生在这里。当时，一名日本军人走失，引发了中日两国间的对立。随后，日军展开进攻，轻而易举地击败了中国的国民革命军。尽管在过去的10年当中，中国国民革命军得到了相当的发展，但是他们在武器装备和军队纪律方面仍然无法与日军相比。此外，中国还存在另一股势力——共产主义者，他们最终在靠近苏联边境的中国西北地区建立了根据地，这使得中国的形势更为复杂。中国的国民党曾经与共产党联手抗日，但后来又开始反对共产党。共产党领导人毛泽东转移到农村，动员那里的农民参加战斗。在所有这些战乱当中，中国遭到了巨大的破坏，疫病蔓延，暴行不断。尤其在1937年年底，日本军队围攻国民政府所在地南京，烧杀奸淫，无恶不作，令观者大为震惊，他们不相信日本能犯下如此滔天的罪行。

① 北京的旧称。

在中国，各方的斗争呈现出一种复杂的四角关系。国民党对抗日本，国民党对抗共产党，共产党对抗日本，以及1939年夏，苏联在伪满洲国边界对抗日本。美国已经为国民党提供支持，但并不急于介入中国的战事。而希特勒对日本的支持基本只停留在口头上，只是撤走了先前向国民党提供顾问的德国将军（这些顾问很有来头，比如在20世纪20年代复兴德国陆军的汉斯·冯·塞克特[①]和成为比利时总督的亚历山大·冯·法尔肯豪森[②]）。远东的这一战事使德国与世界的关系更为复杂，而且有人把中国的大范围冲突比作西班牙内战。在美国国内开始强烈谴责日本。

与此同时，欧洲也在绥靖政策背后进行着仔细的思考。帮助希特勒上台的不满情绪是真实存在的，这些民众的不满是可以通过某些方式减少的。波兰和捷克斯洛伐克居住着数以百万计的讲德语的日耳曼人，他们从来都不愿意成为这两个国家的国民。另外，奥地利也居住着600万日耳曼人。当奥匈帝国在1918年解体时，他们的代表曾经在帝国议会投票加入德国。唯一的反对意见出自一名天主教主教，他认为德

---

① 汉斯·冯·塞克特（Hans von Seeckt，1866—1936），“一战”后大力复兴德国陆军，被誉为德国国防军之父，曾担任蒋介石政府的资深顾问。

② 亚历山大·冯·法尔肯豪森（Alexander von Falkenhausen，1878—1966），德国军事家，“一战”期间任德国陆军总参谋长，战后改组德国陆军的中心人物，曾担任蒋介石政府的军事总顾问。

国信仰新教的人太多了。后来，法国阻止了奥地利并入德国的进程，但一时间，法国甚至无法为这个新国家找到一个合适的名字。最后，一位叫作乔治·克里孟梭[①]的法国人解决了这个问题。他说："剩下的就是奥地利。"奥地利的独立并非一件幸事。这是一个信仰天主教的农业国，却有一个社会主义的首都，那里的大量居民都曾是奥匈帝国的公务员。1934年，奥地利爆发了小规模的内战，炮兵部队炮击了劳工阶层的居民区。当出生于奥地利、1932年才成为德国公民的希特勒在德国出人头地时，奥地利开始出现想要加入德国的骚动，当地的纳粹党徒尤其喧闹。希特勒顺势介入，用沙哑的嗓音在多次纳粹集会上发表了态度蛮横的演说。演说进行时，身穿棕色制服的纳粹党徒列队行进，备受希特勒赏识的建筑师阿尔贝特·施佩尔所设计的灯光直射天际。施佩尔曾说，他早就应该在魏玛时期的电影院[②]里使用这种摄人心魄的灯光技术。对英国政府来说，逼迫德语居民生活在把自己视作二等公民的国家确实是讲不通的。于是，在1937年11月，后来成为英国外交大臣的哈利法克斯勋爵[③]赴柏林会晤希特勒。他对

---

① 乔治·克里孟梭（1841—1929），法国第三共和国总理，曾参与签订《凡尔赛和约》，被誉为"胜利之父"。

② 德国电影在魏玛共和国时期出现了空前繁荣的局面，数量可观，流派纷呈。

③ 哈利法克斯勋爵（Lord Halifax，1881—1959），英国政治家，1938年2月成为英国外交大臣，1944年受封为伯爵。

希特勒说，英国不反对他通过和平手段改变战后秩序。英国实在不想打仗。1916年的血腥战争[①]仍然历历在目，大中小学都在进行战争纪念，呼唤逝者的名字。英国正面对着东、西半球的潜在敌人，印度也即将发生叛乱。

随着奥地利的纳粹分子越来越活跃，信奉天主教的奥地利总理库尔特·冯·舒施尼格[②]请求希特勒帮助他们控制国家。在此之前，他已经让希特勒推荐的人选在自己的政府里担任了重要的职位。1938年2月，舒施尼格来到位于德国贝希特斯加登[③]的希特勒别墅，并在这里遭受了希特勒的欺侮。当时，希特勒带了多位长相凶恶的将军，还禁止舒施尼格吸烟，导致这位奥地利总理极为紧张。于是，他接受了希特勒提出的合作建议，将奥地利变为了德国的卫星国。然而，当舒施尼格返回维也纳后，他改变了主意。他提议进行全民投票。如此一来，他将毫无悬念获胜。舒施尼格希望西方国家和墨索里尼能来救他，而希特勒则赌他们不会这样做，并于3月14日进兵奥地利。对此，西方国家和奥地利都没有采取任

---

① 1916年2月，德军主力移师西线，英、德双方先后打响凡尔登战役和索姆河战役，死伤极为惨重。

② 库尔特·冯·舒施尼格（Kurt von Schuschnigg，1897—1977），曾任奥地利第一共和国总理。

③ 德国东南部边境城市。

何措施。相反，社会民主党前主席卡尔·伦纳[1]却对纳粹的到来表示欢迎。此时的奥地利已经成为德国的一个省，维也纳的25万犹太人开始遭遇恶毒的侮辱、暴力和掠夺。意大利曾经是奥地利的保护国，可墨索里尼没有采取任何措施。希特勒为表示感激，啜泣着给他派驻意大利的代表打电话，让他告诉墨索里尼，他永远都不会忘记这件事，永远都不会。这是希特勒所信守的为数不多的承诺之一。奥地利已经成了德国的一部分，很明显，现在的压力已经随之转移到了捷克斯洛伐克身上。捷克斯洛伐克与德国的边境线很长，所以非常难防守。捷克斯洛伐克居住着300万讲德语的日耳曼居民，大部分集中在靠近德国的苏台德地区，希特勒的到来令他们极度兴奋。捷克斯洛伐克是莱茵河以东唯一的民主国家，民众享有投票权。其中的日耳曼居民把大部分选票都投给了德国国家民族党。

1938年夏，纳粹的暴政肆虐维也纳，犹太人遭到驱逐，恐怖的气氛逼近布拉格。捷克斯洛伐克是依据战后的协议所建立的国家，与法国是盟友，一旦遭到德国攻击，法国就应出兵相助。然而，英国再一次带领西方各国把法国摁在了椅子上。他们确实不希望为了这样一个国家而爆发战争。英国

① 卡尔·伦纳（Karl Renner，1870—1950），被誉为奥地利国父。

首相张伯伦[①]在一档广播节目里抱怨说，他们对这个国家一无所知，所以也不关心它的事情。同年9月，在墨索里尼的建议下，这位老首相挥舞着雨伞飞赴慕尼黑，与希特勒举行会谈。[②]希特勒没有邀请捷克人，捷克的盟友苏联也没有得到邀请。英国的意见分歧严重，最后，张伯伦将居住着日耳曼民族，实际上也居住着不少捷克人和犹太人的苏台德地区[③]分给了希特勒。从此之后，"慕尼黑"便成了懦弱和无耻行为的代名词。不过，此时的张伯伦却着实风光了一阵子，就连法国总理爱德华·达拉第[④]都无法理解，为何抛弃自己国家的盟友能让他受到如此大的欢迎。在西方各国，尤其是在仅仅20年前几乎失去半数适龄参军男性的法国，跛脚的退伍士兵一瘸一拐地在各自的村镇里索取养老金，而由于没能获得德国赔款，国家没有钱来赔偿他们。目睹这一惨状，没有人愿意再次走上战场。而且，各国普遍流传着一种说法，说下一场战争是致命的，文明将遭到毁灭。许多专家说，轰炸机能在很短的时间内把伦敦和巴黎炸成废墟。在战争的第一天里，伦

① 内维尔·张伯伦（Neville Chamberlain，1869—1940），英国保守党政治家，1937—1940年任英国首相，因"二战"前对纳粹德国实行绥靖政策而备受谴责。

② 参加会谈的有英、法、德、意4国首脑，会后签订了臭名昭著的《慕尼黑协定》。

③ 特指"一战"与"二战"时期，捷克斯洛伐克境内，临近德国使用德语的居民所居住的地区。

④ 爱德华·达拉第（Edouard Daladier，1884—1970），法国政治家，曾任法国总理，1938年曾代表法国和希特勒签署《慕尼黑协定》。

敦将有可能遭到 3 500 吨炸弹的袭击。在开战后的 6 个月里，60 万人将失去生命（在 1940—1941 年间的 7 个多月里，英国实际伤亡 6 万人）。既然如此，为什么还要为了阻止捷克斯洛伐克并入德国而打仗呢？何况人家愿意那样做。此外，英国还有另外一种考虑。德国一直在重整军备，而且进展飞快。到处都是“影子”兵工厂，时机一到就可以参与军备，而英国还没有准备好。此外，英国开始部署一种防卫轰炸机的武器——雷达。这种武器能提前做出预警，告知战斗机紧急升空应对。此前，战斗机只能在空中持续巡逻，这样做会消耗大量油料（当时，一架战斗机只能在空中持续飞行 1.5 小时）。英国决定在海岸线部署一系列雷达站，但此时，这一工作也还没有完成。考虑到德国的轰炸能力被极大地高估，慕尼黑的参会代表表现得较软弱就是可以理解的了。

缓靖政策的杰出反对者是温斯顿·丘吉尔①，他的黄金时代即将来临。丘吉尔在维多利亚时代②的鼎盛时期出生于布伦海姆宫③。这里是他的祖先，曾经击败路易十四的著名的马尔

---

① 温斯顿·丘吉尔（Winston Churchill，1874—1965），英国首相（1940—1945、1951—1955），带领英国取得第二次世界大战的胜利。丘吉尔也是作家，1953 年获诺贝尔文学奖。代表作品有《不需要的战争》《第二次世界大战回忆录》《英语民族史》等。

② 维多利亚女王在位的 64 年（1837—1901）是英国最强盛的时期，史称“维多利亚时代”。

③ 布伦海姆宫（Blenheim Palace），位于英格兰牛津郡伍德斯托克，也称丘吉尔庄园，1987 年被列入世界文化遗产名录。

伯勒公爵[①]生活过的地方。丘吉尔是一个帝国主义者，尽管早期属于自由党，后来还是加入了保守党。丘吉尔熟知英国历史，醉心于世界地图上代表大英帝国的红色区域。他魅力十足、机智风趣、勤勉有加，有时又十分严厉，这使他前途无量。不过，他也因为冲动和叛逆而闻名。他反对印度独立的印度自治方案，认为“印度和赤道一样，都不是一个统一的国家”。他争辩说，爱德华八世[②]应当被允许迎娶那位离过两次婚的美国妇女，尽管所有人都很讨厌她。丘吉尔也反对爱德华八世退位。丘吉尔是保守派，真正的保守派厌恶希特勒这个德国历史上最具革命性的人物。丘吉尔不止一次地发出警告：向希特勒让步会让他变本加厉。在签署《慕尼黑协定》的时候，尽管丘吉尔只有少数的支持者，但他们仍然发出了强烈的反对声音。后来发生的事情证实了丘吉尔的判断。在1938年11月9日，也就是著名的“水晶之夜[③]”那一天，包括第二天上午，德国和奥地利爆发了针对犹太人的恶毒暴力攻击。商店橱窗被打碎，大街上到处是玻璃碎片，犹太教堂

---

① 马尔伯勒公爵（Duke of Marlborough），即约翰·丘吉尔（John Churchill）。

② 爱德华八世（Edward VIII，1894—1972），英国国王，因迎娶辛普森夫人而主动退位，后被封为温莎公爵。

③ 1938年11月9日到10日凌晨，希特勒青年团、盖世太保、党卫军袭击了德国和奥地利的犹太人，这一事件被称为“水晶之夜”。水晶之夜事件标志着纳粹开始屠杀犹太人。

也被焚毁。在这一事件当中，91 名犹太人被害，另有几千人被关进集中营，交赎金才能放人。维也纳 2/3 的犹太人（约 12 万人）被迫离开，他们所讲述的恐怖经历传到了接收犹太人的英国家庭，包括居住在格兰瑟姆[①]的撒切尔夫人[②]一家。显然，《慕尼黑协定》根本不可能满足希特勒的胃口。此时，他的胆子更大了，他开始寻求与日本和意大利建立更加紧密的联系，以期形成某种形式的法西斯集团。希特勒已经承诺不再进犯除苏台德地区以外的捷克斯洛伐克，但是他没有信守自己的诺言。1939 年 3 月，希特勒进兵捷克，并且让斯洛伐克成为德国的傀儡国。在即将到来的战争里，斯洛伐克将为希特勒提供大量的蜂蜜和牛奶。

希特勒入侵捷克斯洛伐克令英国愤怒不已。德国人再一次违背了他们的诺言。在英国人眼里，1939 年 3 月是一个至关重要的时刻。他们再也不会相信希特勒的话了。英国人加快了重整军备的速度，同时也开始关注有可能遭受希特勒侵犯的其他国家。此刻，波兰就是最明显的一个。在波罗的海沿岸有一座名叫但泽[③]（即今天的格但斯克）的城市，这里的居

① 格兰瑟姆（Grantham），位于英格兰肯特郡。

② 即玛格丽特·希尔达·撒切尔（Margaret Hilda Thatcher，1925—2013），英国右翼政治家，第 49 任英国首相（1979—1990）。

③ 但泽一直是德意志和波兰之间争夺的焦点，1919 年前，该市为德意志管辖。

民几乎全部是讲德语的日耳曼人。但泽坐落在维斯图拉河①的入海口，是波兰的贸易通道，在波兰的谷物贸易中获利颇丰。1919年，波兰想吞并但泽，但是英国首相劳合·乔治②生怕进一步侮辱德国人，于是在他的大力推动下，但泽成了一个自由市。随后，波兰人只能建设另一座港口，导致但泽经济陷入停滞。当希特勒展现出自己的力量时，但泽的日耳曼居民给出了热烈的回应，强烈要求将但泽并入德国的版图。1939年春，希特勒使这一民意更加沸腾。立陶宛港口城市梅默尔（即今天的克莱佩达）也居住着很多日耳曼人，希特勒坐船来到这里，想获得这一城市。随后，希特勒对波兰人说，他想要但泽。他进入了一个奇怪的状态，他认为波兰很容易就可以成为一个放大版的斯洛伐克。波兰人主要信仰天主教，而且非常恨俄国人③，这就意味着，他们也会反对苏联。由于历史的原因，这里也具有极为深厚的天主教民族主义传统。波兰政府重视军备，决心保卫自身，以避免重蹈捷克人的覆辙。捷克斯洛伐克陷落后，英国人提出要“保证”波兰领土完整。

① 维斯图拉河（Vistula），又译维斯杜拉河、维斯瓦河，波兰最长的河流，向北注入波罗的海。

② 劳合·乔治（1863—1945），英国自由党党魁，曾任英国首相（1916—1922），巴黎和会“三巨头”之一。

③ 历史上，俄国曾数次参与瓜分波兰，“二战”也以苏德瓜分波兰为始。

波兰外长约瑟夫·贝克[①]上校吸了一口香烟，同意了英国代表的提议。1939 年夏，希特勒一再推动将但泽并入德国，对德国来说，英国的保证是一个明显的障碍。英国提出的建议明显是欠缺考虑的，当英国人意识到自己到底承诺了什么之后，他们就努力地想从中挣脱。他们几乎没有为波兰人提供多少资金。而且，英国随后向所有国家做出了同样的保证，以此来摊薄对波兰的保证。这些国家包括希腊、土耳其和罗马尼亚。这些国家的外长已经表明，他们的国家正面临险境。所有的这一切，在今天看来都是不可理喻的，但是希特勒已经让这个世界失去了理智。在大范围的破坏之中，德国人的心声、屈辱，以及希特勒身后这个民族的巨大才能都完美无遗地显露了出来，至少看起来是这样。在当时的人看来，与德国的战争在那个夏天已经打响，各种借口无处不在。必须阻止希特勒。

看到自己已经激起了这么多反对的声音，希特勒或许会停止对波兰下手。但是，他的直觉再一次为他提供了坚定的指引，因为与过去的很多次一样，危机中再一次出现了转机，而这一转机震动了整个世界。为了与苏联合力抗击德国，英

① 约瑟夫·贝克（Józef Beck，1894—1944），波兰政治家、外交家。20 世纪 30 年代分别与苏联、德国签署互不侵犯条约，并寻求西方对波兰安全的保证。在担任外交部长期间，贝克准备建立一个由波兰领导的外交集团，并为之花费大部分精力，但最终失败。

法两国向莫斯科派出了代表团。经过讨论，苏联人提出，在必要的时候，苏联军队需要在波兰的领土上行动。对此，波兰人坚决反对。最后，双方争取结盟的努力没有获得任何结果。随后，斯大林却非常突然地与他的死敌希特勒达成了一份协议。8 月 22 日，德国外交部长约阿希姆·冯·里宾特洛甫[①]飞赴莫斯科，并在 24 日凌晨签署了这份协议。这反映出各国在两次世界大战期间的另一个表现——远离现实，既危险又堕落的惺惺作态。1917 年，共产主义者夺取了沙皇俄国的权力。他们用工人阶级的兄弟之情，打赢了内战，并开始改变以农民为主的俄国。在 20 世纪 30 年代早期，苏联实施了 5 年计划，而做出主要贡献的偏偏是德国的实业家。接着，苏联又迎来了 10万名美国人[②]，大部分是失业的技术工人。随后，苏联突然爆发了所有国家中都未曾出现过的混乱。3/4 的高级军官和 2/3 的苏联共产党中央委员会委员遭到逮捕、审判和杀害。与此同时，大量无辜民众也惨遭屠杀，令人匪夷所思。多年后，他们的坟墓才被发现。这个所谓的应该捍卫工人阶级的领头羊同时也是阿道夫·希特勒的主要敌手。没人能理解当时到底是什么情况，时至今日，历史学家也无法很好地

① 约阿希姆·冯·里宾特洛甫（Joachim von Ribbentrop，1893—1946），纳粹德国外交部长，在德意日三国结盟中发挥重要作用。

② 大萧条导致美国出现大量失业人口。

回答这个问题。当时，西方的评论者大多不看好斯大林的国家，反倒认为波兰更强一些（英国首相张伯伦把波兰称作“富有男子气概的伟大国家”）。毕竟，波兰人曾经在1920年打败苏联红军，捍卫了自己的国土。考虑到这一胜利，以及苏联内部的大清洗，他们已经很难再对苏联的军力抱有信心。

希特勒向斯大林提议签订协议[①]瓜分波兰，这份协议也规定双方将瓜分欧洲的其他地方。斯大林怪罪英国把苏联当作布哈拉汗国[②]一类的小国来看待，非常生气，于是接受了希特勒的提议。波兰将被苏德两国瓜分，而且苏联人在其他方面也将发挥重要的影响。在经济方面，德国将帮助苏联重整军备，而苏联将为德国提供原材料，帮助德国摆脱封锁，它甚至能为德国提供橡胶、汽油、锰、钨等一系列重要物资。当然，如果在一个理性的时代，就不会发生像第二次世界大战这样的事儿。如果苏联和德国一心想瓜分波兰，那么法国是没有办法阻止的，英国就更加无力阻止了。英国陆军数量不多，空军还在建设当中。遗憾的是，当时不是一个理性的时代，希特勒已经让所有的人失去了理智。1939年9月1日，希特勒命令坦克部队跨越波兰边境。英国首相试图进行调解，

① 即《苏德互不侵犯条约》，1939年8月23日，双方在莫斯科秘密签订这一协议，德国得以避免两线作战。这一条约是英、法、德、苏各方博弈的结果。

② 布哈拉汗国，1500—1920年中亚地区由乌兹别克人建立的国家。

遭到议会下院反对。法国担心如果自己不出面，英国可能会牺牲法国的利益而与德国签订协议，于是也加入了调解。9月3日上午9点左右，英国向德国发出了最后通牒，里面还附加了一条说明，大意是，法国政府很快也将发出最后通牒（最后在当天下午5点发出）。

希特勒正坐在书房的办公桌前，这里是新落成的总理府。书房长近30米，宽近15米，墙上有6扇俯瞰花园的法式大窗。书房里摆放着一张巨大的地图桌，它是由稀有的维罗纳大理石制成的。书房里还挂着希特勒所仰慕的英雄画像，其中有腓特烈大帝[①]和俾斯麦[②]，他们炯炯有神的目光从墙壁上投下来。这是一个为世界的统治者准备的房间。实际上，阿尔贝特·施佩尔就是按照这一初衷完成了整个总理府的建造。9月3日，英国大使以一身笔挺的外交制服拜访德国外交部，递交了英国的最后通牒，实际上也是宣战书。希特勒的外交部长冯·里宾特洛甫曾经向希特勒保证，这种事情不会发生，而他此时正站在希特勒的办公桌旁，不得不面对希特勒的质问。希特勒静静地坐了一两分钟，然后生气地喊道："现在怎么

① 腓特烈大帝（Frederick the Great，1712—1786），普鲁士国王，实行开明君主制，在军事上很有建树，使普鲁士在强大的敌国中间幸存下来。

② 奥托·冯·俾斯麦（1815—1898），普鲁士王国首相（1862—1890），德意志帝国首任宰相。他通过一系列铁血战争统一德意志，人称"铁血宰相"。

办？”里宾特洛甫此前估计，英国不会为了但泽而宣战，可目前的问题并不在但泽。希特勒已经把人逼到了墙角，他们能做的唯有反击。当时的人们认为，这是一场荣誉之战。虽然这一观念在当时已经显得颇为老套，但是仍然具有巨大的影响力。内维尔·张伯伦并不是一个充满了幽默感和想象力的人，然而他真切地见到了日后形势的走向。美国大使约瑟夫·肯尼迪[①]（未来美国总统的父亲）曾经把张伯伦对自己说的话记在了日记里：“所有的努力徒劳无功，这是非常可怕的事情。毕竟，我们救不了波兰人。我们只能进行一场复仇之战，它意味着毁掉整个欧洲。”不久后，张伯伦的位置被温斯顿·丘吉尔所取代。与张伯伦不同的是，丘吉尔深受维多利亚时代战争思维的影响，他以他自己的方式回击了纳粹的挑战。这是希特勒第一次遭遇真正的敌手。凡尔赛、国际联盟、金本位、小协约国[②]都不是问题，唯独丘吉尔不同。

---

① 约瑟夫·肯尼迪（Joseph Kennedy，1888—1969），美国商人、政治家，曾任驻英国大使，美国第35任总统约翰·肯尼迪的父亲。

② 第一次世界大战后，捷克斯洛伐克、罗马尼亚和南斯拉夫在法国支持下建立的军事政治联盟。

德军突进

被德军空袭之后的英国

1939年爆发的这场战争似乎是欧洲以往冲突的奇妙回响。波兰曾经是欧洲的强国，聪慧的波兰人想不通，为什么波兰会被日耳曼人和俄国人超越，并被他们所瓦解。法国曾经是波兰的保护国。历史上，法国曾多次为保护波兰而爆发战争。比如，在1812年，拿破仑[①]进攻莫斯科，遭受了重大的损失[②]；再如1853年到1856年，英法联军在克里米亚战争中攻打俄国。以上战争所影响的范围已经超出了欧洲，而此时的形势也是如此。比如1939年12月，德国的施佩伯爵号战舰被追击至南美港口，随后自沉。不过，第二次世界大战的前41周实际上是一场欧洲战争，只是德国在很短的时间里就取得了胜利。拿破仑花了5年的时间，直到1805年在奥斯特利茨战

① 拿破仑·波拿巴（Napoleon Bonaparte，1769—1821），法国杰出的军事家、政治家，创建法兰西第一帝国，1814年退位，次年兵败滑铁卢。

② 拿破仑建立了“华沙大公国”后，波兰人翻身，1812年，10万波兰军人随拿破仑入侵俄国。

役[1]中取胜才成为欧洲霸主，而希特勒做到这一步只花了9个月。1940年6月14日，希特勒的部队从凯旋门前经过，这座建筑正是拿破仑为了纪念奥斯特利茨战役的胜利而修建的。9月中旬，亚历山大·卡多根爵士[2]在英国外交部说："我们必须失败3年，然后才能赢得决定性的胜利。"他说得对极了。

在第二次世界大战当中，波兰是烈士，英国是勇士，美国是胜利者。与许多烈士一样，波兰也是主动地承担了这一角色。它可以选择做德国的盟友，那样的话，它或许能获得乌克兰西部的某些土地，比如波兰曾经统治过的基辅[3]。然而，波兰的统治者坚定地与英法两国站在一起，以为它们还是1918年的胜利者。与波兰一样，英法两国都曾在1918年的分赃大会中获利颇丰，而俄国和德国却被排除在外。波兰人认为自己的国家是一个强国，是东欧的堡垒。他们已经看到发生在捷克人身上的事情。捷克做了很多让步，但最终还是在慕尼黑会议上遭到肢解。波兰人不愿重蹈覆辙，即便苏德两国已经签订了瓜分波兰的协议。他们认为英法两国会出动飞机和坦克把德国人迅速解决掉，因此他们拒绝做出哪怕一丁

---

① 在欧洲第三次反法同盟对法战争期间，法军与俄奥联军在奥斯特利茨（原捷克斯洛伐克中部城市斯拉夫科夫）地域进行了一次决定性的战役，史称"三皇会战"。

② 亚历山大·卡多根爵士（Sir Alexander Cadogan），又译"贾德干"，英国外交官。

③ 今乌克兰首都。

点儿让步。在1939年9月，波兰人的抵抗没有持续多久。希特勒不宣而战，波兰战机尚未起飞即遭受巨大损失，不过大多数还是逃到了罗马尼亚。为了防止德军入侵，波兰陆军都部署在了边界地区，于是被从普鲁士北部和西里西亚西部进犯的德军分割开来。尽管波军在华沙附近组织了顽强的抵抗，但这座城市还是遭到了野蛮的轰炸。在随后的9月17日，苏联红军从东部边界侵入。7万名士兵和一些舰只、飞机成功逃走，流亡政府也在西方国家成立[①]。此刻，波兰已经被占领。德国和苏联分别吞并了波兰西部和东部的大部分地区，剩下的被称为“总督府”的地区被德国占领，并且成为一场大屠杀的开端。在这场大屠杀中，300万波兰籍犹太人和另外300万非犹太裔的波兰人遭到了杀害。在苏联占领区，大量民众遭到驱逐，就连许多被认为能够在苏联的统治下获益的乌克兰人也遭到了压制。

尽管德国将它的战争资源集中在波兰，但英法两国只是静静地看着这一切，没有采取任何行动来帮助波兰。法国花费了70亿法郎，沿着法国与德、意两国边界修建了一条庞大的防线——马奇诺防线[②]。所有人都期待这条防线能保证法国

---

① 波兰流亡政府，第二次世界大战时波兰被苏德占领后成立的波兰政府，长驻伦敦。

② 位于法德、法意边境，造价昂贵，十分坚固，但德军从西侧迂回，使马奇诺防线失去了作用。后指看似坚固，实则毫无价值的东西。

的安全，但是这么做却让法国的策略流露出一种防守的意味。法军小心谨慎地从马奇诺防线出击，一旦德军开火便又溜了回去。张伯伦通过 BBC① 向德国宣战后，伦敦预计德军会展开大规模轰炸，于是拉响了防空警报。然而，警报拉错了，德军根本无意轰炸英国。尽管德国的海军有一些动作，但是随着秋天的到来，西线再也没有发生像样的战斗。由于坦克很难在泥地里行进，所以双方在接下来的寒冬里进行了几个月的“假战”。英法两国就是不愿意展开进攻，记忆中 25 年前的巨大损失吓住了他们。在第一次世界大战当中，法国有 150 万名士兵战死，而 20 世纪 30 年代的惨淡环境又导致民众放弃生育。正如乔治·奥威尔② 所说，当时的法国就是博物馆和妓院的混合体。由于正值法国大革命爆发 150 周年，形势在 1939 年夏天出现了缓和，但是法兰西共和国的政客们还是一脸惊恐，一点儿也展现不出法国大革命的精神。除此之外，英国又能帮上什么忙呢？与 1914 年一样，在尖厉的风笛声中，几支苏格兰兵团在法国的布伦③ 上岸，随行的还有兵团的吉祥物④，一只小猎犬，上校的嘴里还叼着一只大烟斗。英国本可

① 即英国广播公司，英国最大的新闻广播机构。

② 乔治·奥威尔（George Owell，1903—1950），英国左翼作家，新闻记者和社会评论家，著有传世作品《动物庄园》《一九八四》等。

③ 法国北部港口城市。

④ 军队仪式中所用到的动物，不直接用于战争，比如山羊、狗、马等动物。

以在1936年阻止德国。当时，希特勒再次占领了法德边界的莱茵兰地区。如果有英国的支持，法军就可以援引多项条约条款进入莱茵兰地区，使其去军事化。法国人感觉，英国总是在防止法国享有充分的安全。此外，法国的左翼受到了共产主义的诱惑，一些人开始谴责战争。在1936年到1938年间，由于左翼政府实施统治，法国的右翼出现了分裂，很多人开始崇尚纳粹主义。在这样的形势下，英法既无法形成充分的联盟，战斗也无法有效开展。1939年到1940年的寒冬还没过去，除去挖掘战壕，西线的战事没有丝毫进展。比利时本来也可以帮忙，但是这个国家内部分歧严重，而且布鲁塞尔[①]也不想激惹希特勒。随后，战场就转移到了北欧。

在苏德两国签署的条约当中，波罗的海诸国[②]被划到了斯大林的势力范围内，芬兰也在其中。芬兰的边境城市维堡[③]距离列宁格勒[④]只有100多千米，基于安全的考虑，斯大林向芬兰提出用苏联的国土置换这座城市，同时租借芬兰东南部的一个小岛用作海军基地。芬兰人不同意（芬兰也是“一战”的战胜国之一）。但是由于气候和地势的原因，芬兰比波兰更

① 比利时首都。

② 一般指爱沙尼亚、拉脱维亚和立陶宛三国，有时也包括芬兰。

③ 现为俄罗斯西北部港口城市。

④ 即今天的圣彼得堡，位于俄罗斯西北部波罗的海沿岸，俄罗斯第二大城市，又称“北方首都”。

容易守卫。11 月底，苏联和芬兰意外地爆发了持续 3 个月的苏芬战争。机智聪慧的芬兰人穿着滑雪板，在森林中神出鬼没，把苏联红军整师整师地包围，使后者遭遇了可耻的失败。芬兰人估计英国可能会施以援手，英国也确实组织了一支远征军。但是，英国这样做只是为了寻找理由绕道阻止德国从瑞典获得铁矿砂①。同时，法国也制订了一份极不寻常的计划，打算用它们有限的运输机越过中立的土耳其向阿塞拜疆的巴库投掷炸弹，炸毁那里的油井。幸好，这一计划被英国明智地否决了。但是，英国远征斯堪的纳维亚②需要时间，斯大林调派了洞悉局势的将军，加强了对芬兰的攻击。芬兰首都遭到轰炸，于是芬兰人屈服了。英法两国远征斯堪的纳维亚的行动被苏联抢先了一步，但英国打算继续在挪威海域设置水雷。不过没等英国实现这一点，希特勒就首先打破了对待丹麦和挪威的中立状态，大举进犯丹麦，4 月 9 日又通过丹麦进攻挪威。

奇怪的是，德国在挪威却碰上了钉子。德国海军一直都不怎么强大，不过一旦条件具备，它就能在进攻英国南部的过程中起到决定性的作用。然而，挪威人阻止了这一切的发

---

① 德国的大部分铁矿砂来自瑞典，平时经波罗的海运输，但在冬天，波罗的海会封冻，只能先经铁路运往挪威北部的不冻港——纳尔维克港，再经挪威海域运往德国。

② 一般指挪威、瑞典和丹麦，有时也包括芬兰和冰岛。

生。在奥斯陆[1]，挪威炮台的旧炮和鱼雷出其不意地击沉了德国海军的旗舰。英国人也击沉了多艘德国驱逐舰。这一幸运的进展对英国国内的政治产生了决定性的影响，导致张伯伦下台。于是，伦敦就不再可能与希特勒达成任何交易了。战争打响后不久，张伯伦即推荐丘吉尔加入战争内阁，担任海军大臣，相当于文职的海军部长。随后，丘吉尔在挪威战役中指挥失当。战斗中，英军第一次直接遭遇德军，首战受挫。英军在战争初期反应迟缓，还暴露出一个弱点——海军实力强大得不成比例。英国当时装备了许多艘巨型战列舰，例如，英王乔治五世号战列舰的花费可以建造一座现代工厂，还得配备大量的船员。它可以装载 3 000 吨油料，足以媲美一艘油轮。它的发动机功率相当于一座电站。此外，它还有 10 座舰炮，每座重达 80 吨。发射的炮弹重达 700 千克，射程 32 千米。它的炮塔重达 1 500 吨。这些需要花费两年才能建成的庞然大物怎么能被击沉呢？实际上，它们只是浮在水面上的马奇诺防线，飞机就能摧毁它们。

与此同时，在伦敦，张伯伦正在因为他所犯下的所有错误而备受指责。当国会下院对张伯伦进行不信任投票时，很多保守党议员和左翼议员投了不信任票，另一些保守党议员

---

① 挪威首都和主要港口，位于挪威东南部。

投了弃权票。保守党议员利奥·埃默里[①]（讽刺的是，他的长子为纳粹电台做广播员，战后以叛国罪被施以绞刑）用奥利弗·克伦威尔[②]怒骂议会的一句名言结束了他对张伯伦的谴责。他说："你们已经在这里坐得太久了，再也干不出什么好事。滚吧，赶紧！我们从此一刀两断。看在上帝的分儿上，滚吧！"权势集团认为丘吉尔不够稳定，有些特立独行。马尔科姆·马格里奇[③]曾说，英国的政治家要想成功，他（她）就得是一个新手或牧师。在1940年，这个新手就是劳合·乔治，而有可能取代张伯伦的人选就是神情高昂、讲话有些费力、很像牧师的哈利法克斯勋爵。权势集团需要他，但哈利法克斯说，他是上院的国会议员，无法领导这个国家。最后，工党（例如工会）为这个国家的未来做出了选择，并与丘吉尔一起组成了联合政府。丘吉尔宣布了自己的政策：鲜血、苦干、眼泪和汗水。他确实只能提供这些东西，因为大战已经在西线开打了。法国没有出现丘吉尔式的人物。爱德华·斯皮尔斯[④]将军说："英国的中产阶级没有害怕，而法国的资产阶级却紧张得连话也说不清楚了。"

---

① 利奥·埃默里（Leo Amery，1873—1955），英国保守党议员。

② 奥利弗·克伦威尔（Olive Cromwell，1599—1658），英国军事家，政治家。

③ 马尔科姆·马格里奇（Malcolm Muggeridge，1903—1990），英国作家、记者。

④ 爱德华·斯皮尔斯（Edward Spears，1886—1974），两次世界大战中充当英法两国的联络官。

希特勒本想在 1939 年秋天进攻，但是德国的将军们却并不认同这一想法。他们不断地寻找各种理由，不是哪一支部队没有准备好，就是嫌天气太潮湿、道路泥泞，等等。一些军官甚至密谋推翻希特勒的统治，不过这种想法从来只是在私底下流传，很久之后才开始公开谈论。在希特勒的不断催促下，德军将领拟定了一份作战方案，类似于 1897 年的施里芬计划[①]。一旦与法国开战，他们将首先攻打荷兰和比利时。这时发生了一件凑巧的事情。一名德国军官带着这份计划搭乘飞机从科隆起飞去开会，结果飞机中途迷失了航向，坠毁在了比利时，而他所携带的文件竟然没有完全损坏。比利时人得到了这些文件，发现字迹仍然可以辨认。他们把文件交给了法国。在法国人看来，这些文件证实了法国最高统帅部先前的推测。结果，法国被诱使在军事调度上犯了一个巨大的错误，因为德国人改变了他们自己的计划。希特勒一向认为，冒险的方案有可能成功，而他的将军们却夸大法军的战斗力，只想着保护鲁尔工业区[②]的安全。德军有一个胆子更大的将军

① “一战”前，德意志帝国总参谋长阿尔弗雷德·冯·施里芬所制定的作战方法，主张先集中兵力进攻法国，然后移师东线迎击沙皇俄国。

② 位于德国西部、莱茵河下游支流鲁尔河与利珀河之间，是德国最重要的工业区，是德国发动两次世界大战的物质基础。

叫作埃里希·冯·曼施坦因①，他了解坦克和飞机的战斗力，也曾提出过一项非常大胆的作战计划，但是没能获得国防军最高统帅部②的认可。在柏林，他偶然见到了希特勒，于是把这一计划告诉了他。德国将佯攻比利时和荷兰，把法军吸引过去。而真正的攻击点却位于比利时东南部。那里是一片崎岖的山地，覆盖着茂密的森林，人称阿登森林③。阿登地区道路稀少，路况也不好，不过如果交通管理得当，这些道路还是可以使用的。于是，用不了多久，一支庞大的德军就将穿越阿登森林，并在色当跨过默兹河④。70 年前，普鲁士人就是在这里打败法国军队，然后建立了统一的德国。⑤当然，德军的这一行动原本是可以被阻止的，而且德军一旦应对有失，比如坦克遭受空中打击而无法动弹，德军就将面临极大的灾难。不过，希特勒还是决定冒这个险。

5 月 10 日，西线战场的炮火开始轰鸣，盟军一片混乱，失误连连。此时的法国人已经犯下了一个惊天大错，他们用

① 埃里希·冯·曼施坦因（Erich von Manstein，1887—1973），纳粹德国国防军最负盛名的指挥官之一。

② 纳粹德国武装力量的最高指挥部，负责管理国防军陆军总司令部、国防军海军总司令部、国防军空军总司令部等机构。最高统帅部统帅为阿道夫·希特勒和卡尔·邓尼兹。

③ 位于比利时东南、卢森堡北部和法国东北部，是一片面积约 1 万平方千米的丘陵地区，多森林和沼泽，最高点是比利时境内的博特朗日山，海拔 694 米。

④ 又译马斯河，法国北部河流，流经比利时，在荷兰注入北海。

⑤ 指 1870—1871 年的普法战争，这次战争完成了德意志的统一。

大量的资源修建了一座防御性的堡垒——马奇诺防线。安德烈·马奇诺[①]是一名“一战”老兵，1929年曾任国防部长。出于对安全的考虑，法国军队当时可以占据莱茵兰地区。然而，在随后的1929年至1930年，为了“安抚”德国，英国极力主张协约国军队撤出这一地区。马奇诺当时说，要保证安全，法国就得修建发达的防御工事。这一防御计划于是成了法国人的沉重负担。显然，为了实现防御，法国得把它1/3的部队驻守在防线里。而德国人则没有必要在防线前方部署多少军力，只需留下几个师的中年老兵就可以了。他们可以把自己的精锐力量和装甲部队投入其他战场。这样一来，德军统一行动，在局部地区形成了超强的战力（尽管德军坦克的数量本来就比盟军多一些）。德国将穿越比利时，法国人也是这样预料的。为了使战事远离法国北部，法军进入了比利时，并且在那里遭遇了他们误以为的“德军主力”——德国B集团军群。这个集团军群有30个步兵师和3个装甲师，每个装甲师配备约200辆坦克。德军使用高超的战术打了一个大胜仗，攻占了全世界最大的堡垒——比利时的埃本埃马尔要塞。德军用滑翔机运载伞兵，在堡垒上方实施空降。伞兵穿

① 安德烈·马奇诺（André Maginot，1877—1932），他认为《凡尔赛和约》没能为法国提供足够的安全，因而不断推动加强法国防御。

着橡胶鞋，以防发出声响，一落地就向通风孔和炮口投掷手雷。德军的行动非常迅速，很快就推进到了代勒河[①]一线，并在那里遭遇了法军和几乎所有的英国远征军。英法军队已经进入比利时，正在赶往荷兰的路上。进入比利时的法军是法国最为精锐的主力部队。然而，此时他们却正在被推入一个巨大的陷阱，后方只留下薄弱的兵力来防守法国。德国人破译了法军的通讯密码，知道哪支部队在驻防马奇诺防线，所以也能猜测出法国防线在哪一位置最为薄弱。由于法军的主力部队和所有的英国远征军都已经进入比利时，所以马奇诺防线北部边缘和比利时之间仅有少量的部队在守卫。他们沿着默兹河一线展开，指挥官情绪低落，士兵一副典型的法兰西第三共和国[②]士兵模样，军容不整，无精打采，嘴里还叼着香烟，身上满是廉价葡萄酒的味道（每名法国士兵每天可以获得 3 升廉价葡萄酒，不过公平地说，这些士兵有一半是农民，而且当地的水源并不可靠）。几乎没有人想到，德军会从这里大举进攻。早在 1914 年，德军就曾使用 47 辆军用卡车在这里运输士兵，卡车只坏掉了一辆。此时，卡车和坦克技术已经获得了巨大的提升，阿登森林排满了长长的由坦克和各

---

① 比利时中部河流。

② 1870—1940 年统治法国的共和政府，1940 年因纳粹德国入侵而垮台。

种车辆组成的队伍，还有大队的步兵和摩托兵，头顶还有空军掩护。这是交通管理的奇迹，坦克一旦发生故障就随即被清出道路，非常高效。德国国防军最高统帅部计划 10 天赶到默兹河，但坦克部队指挥官海因茨·古德里安[①]认为他可以把这一时间缩短到 4 天。最后，德国人在两天内就赶到了默兹河，并于 5 月 15 日下午 3 点用橡皮艇渡到对岸。

法军根本不是德军的对手。德军斯图卡式俯冲轰炸机[②]几乎垂直扎向地面，引擎发出巨大的轰鸣，并投出半吨重的炸弹，在如此凌厉的攻势下，法国人惊慌失措，乱作一团，坦克甚至火炮都陷入瘫痪。实际上，斯图卡式轰炸机飞行速度比较慢，如果法军不恐慌，这些飞机很容易被打下来。不过在 1940 年，法军确实十分慌张，因为德军飞机十分喜欢炫技。德军的这一重要优势在阿登森林结出了硕果。德国空军是陆军的补充，是“空中的炮火”。而英国皇家空军是为独立空战而设计的，重视远距离轰炸（1936 年，英国建立轰炸机司令部，正式确立了这一点）。此时，法国和英国的轰炸机才刚刚得知德军已经穿越阿登森林。他们知道得太迟了。随后，英法两国的轰炸机开始攻击德军，由于当时是白天，所以它

① 海因茨·古德里安（Heinz Guderian，1888—1954），德国陆军将领，提倡使用坦克与机械化部队。

② 该机型能垂直向目标俯冲攻击，精确度比水平轰炸高。

们很容易被德国空军的梅塞施密特–109式战斗机[①]击中。第一天，32架“战斗”轰炸机迎击德军，13架被击落，其余被击伤。“二战”史专家马克思·黑斯廷斯把这些轰炸机叫作“棺材”。由于飞机性能落后，法军飞行员士气低落。法国战斗机航速极慢，反应迟钝。而英国皇家空军担心，如果把飞机投入法国战场，那么不列颠群岛怎么办？德军继续推进。5月16日，德军坦克部队已经渡过默兹河。古德里安把停止进军的命令抛在一旁，命令部队急速推进。这一战法在历史上被称为“闪电战”，它是从意大利语翻译过来的。然而，闪电战并非德军发动此次战役的初衷，他们只是想把盟军赶出比利时，以防他们威胁鲁尔工业区。古德里安主张狂飙突进，他的上级，包括希特勒，都在担心他从南部受到攻击，并与大军失去联系。然而，古德里安继续推进，没汽油了就从法国人的仓库里寻找，没牛奶了就找法国人的奶牛挤奶。在他的右侧，未来的德国陆军元帅、战功赫赫的埃尔温·隆美尔[②]也率领坦克部队渡过了默兹河，开始掩护他的右翼。德军空虚的左翼可能受到攻击，但是，德国步兵也创造了神奇的进军速度，在

---

① “二战”德军主力战斗机。

② 埃尔温·隆美尔（Erwin Rommel，1891—1944），纳粹德国军事指挥官。1940年2月任第七装甲师师长，为该师赢得“魔鬼之师”称号。1941年进军北非，扭转战局，被誉为“沙漠之狐”。1942年6月晋升为陆军元帅。

阳光明媚的初夏里跋涉了一个星期，平均每天行军 65 千米。所以，当法军开始反击的时候，他们在坚决的抵抗面前遭遇了失败（大量难民涌上道路，漫无目的地奔逃，也严重地阻碍了德军的行动）。隆美尔的部队每日行军 80 千米。与此同时，法国司令员莫里斯·甘末林[①]认为他得守卫巴黎，于是古德里安所属的德军 A 集团军群的司令员格尔德·冯·伦德施泰特[②]便放开手脚逼近英吉利海峡。一路上地势平坦，天气适宜，非常适合坦克开进。法军坦克从来没有像德军坦克一样集中作战（它们被部署在了错误的位置），而且分散的法军部队不断投降。就这样，伦德施泰特一路到达亚眠以及“一战”时的索姆河战场，最后于 5 月 20 到达了英吉利海峡附近的阿布维尔，此时距离德军渡过默兹河只有几天的时间。在德军逼近英吉利海峡的过程中，法军指挥官却还在担心德军会抢先抵达巴黎，占得先机。现在的灾难在于，英法两国军队已经在比利时被一分为二，而且由于鹿特丹遭到了猛烈的轰炸，荷兰也已屈服。在比利时，法军终于有效地抵挡了德军 A 集团军群的进攻，他们明白局势已经十分危急，所以战斗也有

① 莫里斯·甘末林（Maurice Gamelin，1872—1958），1939 年 9 月 3 日任法陆军总司令，兼英国远征军指挥。

② 格尔德·冯·伦德施泰特（Gerd von Rundstedt，1875—1953），纳粹德国军事指挥官。1940 年 7 月 19 日晋升为陆军元帅。

了起色。然而此时，法军的后路已经被德军 A 集团军群斩断。他们只能冒着德国空军的轰炸，随英军一起跌跌撞撞地奔向海边。而且，比利时也放弃了抵抗。后来，比利时国王遭到了严厉的斥责，但是比利时军队确实已经抵抗了足够长的时间，已经为英法军队向海边撤退赢得了时间。现在，法国人的斗志已经被激发了出来，德军的 B 集团军群也遭遇了法军顽强的阻击。在法国里尔，法军的 4 个师形成了一个口袋，对德军形成了阻截。法军的抵抗赢得了德国的尊重，也使法国得以体面地投降。在 5 月 21 日到 22 日期间，英法两军在阿拉斯附近组织了一次反击，进一步给德军敲响了警钟。此外，德国空军损失严重，飞机超负荷运转，修理厂不堪重负，半数轰炸机已经无法起飞。到了 24 日，希特勒终于下令暂停进攻。英军指挥官戈特子爵①斗志不减，他决心要把自己的部队从盟军的大混乱中解救出来，有序地撤向英吉利海峡旁的敦刻尔克②港。这里水道众多，有利于防御。5 月 27 日，撤离行动开始，当时预计只能撤回 1 万名士兵。但在此刻，英军的战斗机已经击退了德军的轰炸机，天气也终于好转。除去运

① 约翰·维里克（John Vereker，1886—1946），第 6 代戈特子爵，“二战”初期任英国远征军司令，在敦刻尔克大撤退中发挥了巨大的作用。

② 法国东北部靠近比利时边境的港口城市。1940 年夏，这里发生了著名的敦刻尔克大撤退。

送士兵的驱逐舰之外，另外还有几千艘各种各样的船只参与了撤离行动。最后，大约有 34 万名士兵（包括 22.9 万名英军士兵，其余为法军和比利时军士兵）成功撤离。不过，他们把重装备全部丢在了后面。

敦刻尔克大撤退是一个不同寻常的时刻，它是以法国士兵的牺牲为代价换来的。法军负责掩护撤退，约 18 万人被俘。这时，英法两国都已经认识到，德国已经取得了胜利。6 月 14 日，巴黎失守。马奇诺防线被德国从后方攻克，毫发无损。6 月 22 日，法德两国签订了停战协定。法国北部和西部被德军占领，其余部分成了一个傀儡国家[①]，首都设在温泉小城维希[②]，以 84 岁的“一战”英雄贝当[③]元帅为首。当时，维希政府正忙着制订国家重建计划，它不愿把 400 名被俘的德军飞行员转交英国政府。英国也曾强烈建议维希政府将法国的海军舰船凿沉，以免落入德军之手，但他们没有这么做。一时间，法国又呈现出了帝国的样貌。不过，在停战协定签署前

① 史称维希法国，由贝当实行独裁统治，1944 年盟军登陆诺曼底解放法国后，维希政权垮台。

② 位于法国中南部。

③ 亨利·菲利浦·贝当（Henri Philippe Pétain，1856—1951），法国陆军将领、政治家，“一战”时任法军总司令，1940 年 6 月任法国总理，当月 22 日与德国签订停火协定。后来成为法国维希政府元首，实施独裁统治。

的 6 月 18 日，一位持不同政见的军官戴高乐[①]与一些支持者到达了伦敦，并在那里建立了“自由法国”[②]政权。很快，这一政权就在非洲的法属殖民地获得了大量的追随者。与此同时，法国民众开始遭受德国占领军的无情盘剥。为了防止德国人控制法国海军，英国人在阿尔及利亚[③]的海港凿沉了法国海军的大部分舰船，同时，其余地区的法国海军将领也与英国签订了协议。就在这个令人绝望的时刻，墨索里尼加入了战争。

当时，英国在欧洲大陆已经没有了盟友。而且，随着意大利的参战，英国此时甚至连地中海都无法通过。在敦刻尔克大撤退期间，英国内阁曾犹豫是否接受议和，丘吉尔也短暂考虑过这一点。这时的局势与 1917 年非常相似。当时，德国人正在对退出战争的俄国人开列条件，他们也向英国人暗示，英德两国可以牺牲法国的利益达成交易。英国首相劳合·乔治做了一番考虑，最后没有同意。因为，控制了俄国的德国将是无法抵挡、不可战胜的。在 1940 年，这一点更加明确。这时，丘吉尔站了出来。他说，我们继续战斗。这是

① 夏尔·戴高乐（Charles de Gaulle，1890—1970），法兰西第五共和国的创建者，法国军人，作家，政治家，“二战”中曾领导“自由法国”运动。

② 戴高乐在“二战”期间领导的反纳粹德国侵略的组织。

③ 非洲北部国家，曾为法国殖民地。

一个非同寻常的决定，但是丘吉尔在英国拥有广泛的支持，有的内阁成员甚至激动得热泪盈眶，对他的决定表示欢呼。然而希特勒本人看不清这一点，他向英国人开列议和条款，口气极为强硬，一副胜利者的姿态，于是很快就遭到了拒绝。丘吉尔表明了他对战争结果的期望。这一期望很简单：德国应该放弃所得到的一切，同时用行动保证将来不会再重复同样的罪行。

现在，战争已经形成它自己的冲力，理性已经被抛到脑后。在大多数英国人看来，早在1939年夏，战争就已经打响。人们当然不愿放弃，虽然胜利的希望仍然十分渺茫。德国的战争机器正在海峡的另一面集结，它的指挥官们正在制订入侵不列颠群岛的作战计划——海狮行动。不过，德国人的战舰很少（在挪威战役中，德国海军遭受了较大的损失），无法保证胜利。而且德国空军还得为集结在法国海岸的驳船提供空中掩护。德国空军的目标是从英国皇家空军手里夺取制空权。随后，德军轰炸机将在战斗机的掩护下实施轰炸，逼迫英国投降。德国人的计划考虑得不够周全，他们没有足够的战斗机。从5月10日到7月31日，德国空军已经损失了近4 400架战机。英国皇家空军在基地附近作战，几乎不用考虑油耗问题，而德军飞行员则必须预留足够的油料，以便飞机能飞回基地。8月13日，德军对英军实施了代号为“鹰袭”

的大规模空战。两天后，不列颠空战打响，并一直持续到9月15日。一开始，德军的目标并不清晰，导致了重大的损失。8月15日，德军的75架战机返航时仅剩下了34架。英国皇家空军战斗机指挥官休·道丁[①]命令英军飞行员避免与德军战斗机在空中缠斗，而是让他们去攻击德军的轰炸机。随后，德国空军改变了攻击目标，开始袭击英国南部的飞机场，给英军造成了较大的损失。这时，一场意外发生了。8月24日，为了减轻飞机重量以便返回基地，一名德军飞行员把炸弹投到了他以为是农村的地方。可实际上，那里是黑暗中的伦敦。英国皇家空军认为德军已经开始轰炸英国城市，于是用空袭柏林来进行应对。希特勒失去了耐心，命令德国空军轰炸伦敦包括民用设施在内的一切目标。9月7日，伦敦开始遭受轰炸。随后，轰炸持续了一个星期。9月15日，德国空军实施了最后一次大规模的轰炸。当天，英国空军只损失了26架战机，而德国空军损失了60架（英国给出的数字是185架）。截至当时，德国空军又损失了1 773架战机，而英国则损失了915架。此外，当时很少有人关注这样一个事实，那就是，英国制造战斗机的速度比德国快。英国重整军备起步较晚，所以考虑更加充分。而德国却一度陷入混乱，方向不明，机构

① 休·道丁（Hugh Dowding，1882—1970），空军上将，曾指挥著名的不列颠空战。

众多，各部门交叉重叠，他们甚至有17个不同的研究实验室。当比弗布鲁克[①]勋爵开始主管英国的飞机制造后，他结束了每3名政府职员负责一架战机这样莫名其妙的规定。他简化程序，在电话上下达命令，对委员会的意见不屑一顾。如同阿利斯泰尔·霍恩[②]所说，他在“用咆哮指挥”。在飞机制造方面，英国取得了极大的成功，而德国空军却搞得一团糟。在1945年的慕尼黑，为了节省油料，德国人用牛把他们的第一架喷气式战斗机拖到机场上。在1940年，英国人每周可以生产500架战机，而德国只有一半。

此时，德军被迫取消了进攻英国的计划。为了进行报复，希特勒和戈林命令德国空军继续对伦敦实施轰炸。在随后的6个月里，只要天气允许，德国战机就会飞临伦敦上空。这是一段民族史诗般的历史，有一张照片很好地向世人展现了这一画面。照片当中是庄严的圣保罗大教堂，四周是数不清的建筑所燃起的熊熊烈火。直到1941年3月，德军每月都要在伦敦投下9 000吨高爆炸弹。伦敦东区的造船厂是德军轰炸的重点目标，当地的居民只能在防护设施里过夜，有时甚至得深入地面以下。乔治·奥威尔写道，那里的纪律非常严

① 比弗布鲁克（Beaverbrook，1879—1964），在“二战”中担任英国飞机生产大臣，极大地提高了飞机的产量。

② 阿利斯泰尔·霍恩（Alistair Horne，1925—2017），英国记者，传记作家，历史学家。

格，民众极少慌乱。在奥威尔的笔下，英国民众普遍非常团结。奥威尔还用有些抒情的笔调（见《狮子与独角兽》一文）把当时的气氛描绘成了一种社会主义式的解放。而另一些人则以不同的方式获得了解脱。格雷厄姆·格林[①]把他的家人丢在身后的牛津市博蒙特大街，在大英博物馆附近的一座房屋里与他人私通。格林的职责是报告博物馆的火情。有一天，正在巡查中的他被炸弹炸伤，只能爬着从楼上离开。这一经历促使他放弃了那位女子。后来，他把这一经历写成了小说，而小说又被改编成了电影，片名叫作《爱到尽头》（*The End of the Affair*）。在“二战”当中，类似这样的解放或解脱的例子不胜枚举。

在所有这一切背后，丘吉尔的身影巍然屹立，这正是他大放异彩的时刻。丘吉尔几乎得到了所有国民的支持，整个国家在他的领导下团结一致，共赴国难。丘吉尔说：“这是我们最辉煌的时刻。”但是，真正的希望恐怕只能落在美国的参战上，可这并不容易实现。美国的中立法使美国严格保持中立状态。很多美国人认为，由于美国东海岸的经济利益，美国面临被拖入战争的危险。富兰克林·罗斯福总统束手无策。

---

① 格雷厄姆·格林（Graham Greene，1904—1991），英国当代作家，多部作品被改编为电影，21 次获得诺贝尔文学奖提名。

从理论上说，购买武器只能用现款支付，不能赊欠。英国在美国拥有大量投资和巨额财富，现在不得不低价出售，充作军费。然而，德军在大西洋部署了U型潜艇，使美国贸易深受威胁。罗斯福深知，一旦英国失陷，美国所面对的世界就只剩德国和苏联两大强国。此外，日本正在中国及亚洲的其他地区扩张，而美国在这些地区拥有重大利益。于是，英国和美国这两个大西洋强国开始在法律所允许的范围内展开合作。罗斯福向英国提供了50艘驱逐舰，用以保护海上运输。作为回报，英国把西印度群岛的几个军事基地租借给了美国。同时，美国战舰也获得了授权，可以向德军U型潜艇开火。1940年10月，美国战舰首次向U型潜艇开火，希特勒严令不得进行反击，因为两国尚未交战。但是，U型潜艇的船长们受到了激惹，并且有一次，他们确实发起了反击。于是在希特勒眼中，两国似乎已经开始交战。真正的战场实际上在大西洋，因为德国正在加速建造U型潜艇，给英国的生命线带来越来越大的威胁。

与此同时，英国在另一个关键的领域也拥有非凡的实力，英国人天生善于搜集情报。在他们眼里，这种事就像做游戏一样。他们已经在很大程度上破解了德国人的密码，并且成功复制了德国人的“恩尼格玛”密码机。这是一种极为复杂的机器。在这之前，英国情报部门已经使用“绝密”一词来表示关系国家安全的最高机密。现在，由于破译了德军的密码（以及其他密码），英国人制定了一个更高的机密等级——“超级机密”（Ultra）。“恩尼格玛”密码机和“超级机密”成为计算机发展过程中的两大重要标志。当然，如果德国人知道英国人已经破译了自己的密码，那么这个游戏就玩不下去了。于是，为了不让德国人知道他们的秘密已经泄露了出去，英国指挥官故意不采取行动。最明显的一个例证是，1941年5月，当德军即将对克里特岛①的主要机场发动进攻时，英国人没有采取预防措施。到了1943年，希特勒越来越怀疑身边有人泄露了军事机密，以至于他不再与他人共进午餐，最多只允许他的贴身男仆施特劳布陪他一起吃饭。

总之，到了1941年的头几个月，希特勒的情绪已经非常焦躁。他能看出，美国人正在进行军备扩充，随时可能介入战争。希特勒感觉自己活不到老年，而且他常常提起，如果不是他，德国就不会获得今天这样的发展。国内的舆论正在等待他创造另一个奇迹。同时，民众还得继续忍耐当时的贫困状态，这对战况已经毫无意义。在这种情况下，希特勒心想：英国唯一现实的希望在于，还有苏联人在。而他则要去击败他们。

① 地中海岛屿，位于希腊南部。

巴巴罗萨[①]

① 此处指巴巴罗萨计划，德国在“二战”中发起的对苏联入侵的行动。

在巴巴罗萨行动期间越过苏联边界的德国军队

法国投降后，希特勒兴奋至极。在返回德国的路上，他路过了阿尔萨斯省[①]的首府斯特拉斯堡。阿尔萨斯又一次回到了德国的怀抱，在那里，希特勒受到了极为热烈的欢迎。德国人躲过了一场他们本以为会非常漫长的战争，而伤亡也远远小于预期，只牺牲了不到3万人。如今，德国在欧洲大陆已经没有了敌手。从地缘政治来说，过去的1918年是希特勒的起点。在这一年，俄罗斯帝国解体。当年3月，苏德两国签署了《布列斯特-立托夫斯克条约》[②]，德国的将军们提出条款，打算在东欧建立一个帝国，首都设在柏林。后来，希特勒正是根据这些先前的条款重建了柏林。希特勒通常把集中营设在采石场附近，囚犯像奴隶一样被迫从事繁重的体力劳动，生产建筑材料，以便为未来的巨大建筑添砖加

① 现为法国阿尔萨斯大区，位于法国东北部。1871年法国于普法战争后将该地区割让给德国，1919年“一战”后，该地区被归还法国。1940年被德国兼并。

② 也称《布列斯特条约》，十月革命后，苏俄政府与同盟国签订和约，成功退出“一战”。随后，德国战败，该条约被废除。

瓦。德国总理府已经建成，上面装饰着一只带有纳粹十字标志的老鹰，它的爪子正抓着地球。此外，希特勒还打算修建一条横贯德国东西的大道，以便使强大的部队能够通过快速车队迅速转移。在 9 个月的时间里，希特勒所取得的战绩超过了德国历史上的所有统治者。这时，他可以继续他原先的计划——《我的奋斗》这本书了。受《布列斯特-立托夫斯克条约》的启发，希特勒要统治广大的欧洲，现在该对苏联下手了。

不过，要入侵苏联，希特勒就得同英国缔结和约。但是英国人不同意，他们对希特勒提出的停战建议完全不予理睬，当时是 1940 年 7 月。随后，英国人进行了反击，把希特勒的注意力从苏联转移到了南线和西线。希特勒必须与苏联合作，而斯大林则巴不得这样。斯大林毕竟刚刚镇压了他所认为的一场大规模的军事叛变，3.5 万名高级军官被降职、监禁和杀害，其中包括 3 名元帅和众多最优秀的军事将领。由于剩下的军官不足以抵御德国的闪电战，于是斯大林想收买希特勒。随后，200 万吨石油、14 万吨锰、2.6 万吨铬和其他各种工业原料源源不断地通过苏德边境进入了德国，而德国却没有忠实履行向苏联出口武器的承诺。这时，双方使出了许多荒诞不经的外交手段。例如，斯大林命令谢尔盖·爱森斯坦①导演理查德·瓦格纳②的歌剧作品《女武神》(*Die Walküre*)，并把它搬上了莫斯科大剧院。1938年上映的反德历史巨片《亚历山大·涅夫斯基》(*Alexander Nevsky*)正是由他执导的。在波兰占领区，苏德两国的关系非常友好。与此同时，盖世太保也开始与苏联的秘密警察机构内务人民委员部交流情报，举办滑雪比赛。为了庆祝希特勒的51岁生日，斯大林还移交给他50名德国共产党员作为礼物，其中一位名叫玛格丽特·布伯–诺伊曼③。她后来写了一本回忆录，描述了她在苏联集中营和德国集中营中的生活（她说，苏联的集中营有时候还有些人性，而德国的集中营更注重效率，一点儿人性也没有）。当然，苏德两国也有利益冲突，但还不至于兵戎相见。希特勒还有别的事情要做。

丘吉尔和希特勒想尽办法来打击对方。在不列颠空战后的6个月里，德国对英国城市的轰炸仍然在继续，并且造成

---

① 谢尔盖·爱森斯坦（Sergei Eisenstein，1898—1948），苏联导演，电影理论家，蒙太奇理论奠基人之一。

② 威廉·理查德·瓦格纳（Wilhelm Richard Wagner，1813—1883），德国作曲家，在德国歌剧史上占有重要地位。

③ 玛格丽特·布伯–诺伊曼（Margarete Buber-Neumann，1901—1989），德国魏玛共和国时期的共产党员。1937年，其夫在苏联大清洗中被捕。第二年，她也作为“人民敌人的妻子”被捕，被关进苏联集中营。1940年，她被移交给纳粹德国，随后被关进德国集中营，直到1945年4月获释。

了严重的破坏。到 1941 年 5 月，英国有 350 万幢房屋受损或被毁，其中包括下议院和伦敦的众多建筑，3 万人丧生。但是，英国的工业生产和士气都没有出现下降。另外，尽管英国人热衷于轰炸德国，但是他们的技术并不娴熟，每投 10 吨炸弹就得损失一架轰炸机。按照这一损失比例，英国人的行动是无法持续下去的，而且，他们对德国造成的破坏几乎可以忽略不计。英国在海上的形势也不乐观。由于德国 U 型潜艇可以使用法国港口，所以它们可以更加方便地在大西洋实施攻击。1941 年 4 月，U 型潜艇击沉了总吨位将近 70 万吨的英美轮船，致使两国无法在短期内恢复海上运输能力。但是，德国潜艇数量太少，而且由于英国人已经破译了德国人的密码，所以他们知道德国潜艇所在的位置。在 1940 年到 1941 年，盟军的轮船开始有组织地在护航下航行，沉船得以显著减少（这一点与 1917 年的情况非常相似）。此外，美国开始保护冰岛以外的航线，使海上运输的安全性得到了显著增加。希特勒曾经考虑进攻地中海地区的英国基地，并向西班牙的佛朗哥征求意见。佛朗哥非常高傲，他不想让希特勒把西班牙当作德国的卫星国来对待。不过，内战后的西班牙已经非常虚弱，而且佛朗哥还在不断地进行报复性的攻击。佛朗哥要求盖世太保从巴黎引渡加泰罗尼亚[1]前领导人路易·孔帕尼斯[2]，随后将他杀害。英国大使曾用 1 000 万英镑贿赂西班牙将领，以防他们卷入“二战”支持德国。不过，西班牙并不愿意介入。佛朗哥非常谨慎，希特勒也不愿意花力气去平衡法国、意大利和西班牙的需求。为了寻求支持，纳粹间谍走遍了中东地区，但是一无所获。纳粹确实获得了一些同情（包括一位叫作贾迈勒·阿卜杜·纳赛尔[3]的年轻军官），但是没有获得实质性的帮助。不过，这一努力却产生了其他的效果。

奇怪的是，因为意大利的原因，这场欧洲战争已经演变成了一场世界大战。1940 年夏，意大利想把整个地中海变成自己的领海，而且他们对法国在北非的主导地位怨恨已久。此外，意大利还要把英国人从埃及赶出去。随着英军和法军节节败退，意大利人想要吞掉希腊，建立一个巴尔干帝国。他们已经拿下了阿尔巴尼亚和爱琴海的岛屿。墨索里尼对他

---

① 西班牙东北部的一个自治大区，下辖 4 个省，首府巴塞罗那是西班牙第二大城市。1939 年，佛朗哥在西班牙内战后取消了加泰罗尼亚的自治权。后来，加泰罗尼亚根据 1978 年的《西班牙宪法》重新组建了自治政府。

② 路易·孔帕尼斯（Lluís Companys，1882—1940），加泰罗尼亚领导人，西班牙内战后被流放，后被纳粹秘密警察机构盖世太保引渡回西班牙，1940 年 10 月 15 日被独裁者佛朗哥杀害。

③ 贾迈勒·阿卜杜·纳赛尔（Gamal Abdel Nasser，1918—1970），埃及第二任总统（1956—1970）。

的外交部长加莱亚佐·齐亚诺[①]（也是墨索里尼的女婿）说，现在是与希特勒并肩作战的时候了。10月，墨索里尼进攻希腊，大败而归。希腊人懂得如何在巴尔干山区作战，但意大利人不懂，他们又冻又饿，只能输掉战争。意军在进攻埃及的时候再一次一败涂地。丘吉尔把英军剩余的坦克派到了埃及，这也许意味着，他并不害怕德国人入侵英国。9月，超过20万意大利士兵向东进发，被杰出的英军将领理查德·奥康纳[②]击败。他熟谙坦克战术，正当意大利士兵因为卫生问题而出现大面积腹泻甚至死亡时，他从沙漠迂回到意军西侧，给了他们致命的一击。在11月的塔兰托战役当中，另一位杰出的英军将领安德鲁·坎宁安[③]用飞机袭击了意军军舰，摧毁了意大利海军半数的主要舰只。到目前为止，英军的进展一帆风顺。但是与此同时，希特勒也被拖进了巴尔干和埃及战场。希特勒对埃及并不感兴趣，但他还是派了他最得力的将领埃尔温·隆美尔率领两个装甲师来到北非战场。隆美尔趁英军薄弱之际发动进攻，首战告捷。随后，英军将领

---

① 加莱亚佐·齐亚诺（Galeazzo Ciano，1903—1944），意大利政坛的风云人物，1939年5月22日代表意大利与德国外交部长里宾特洛甫签订德意《钢铁盟约》。

② 理查德·奥康纳（Richard O'Connor，1889—1981），英国陆军中将，被俘前任驻埃及英军司令。

③ 安德鲁·坎宁安（Andrew Cunningham，1883—1963），英国海军将领，1938年任海军副参谋长，随后任地中海舰队司令，1940年指挥塔兰托战役，1942年任北非盟国远征军海军总司令，1943年晋升海军元帅。

奥康纳意外被俘，而其他军官难堪大任，于是隆美尔一路奏凯。更糟的是，英国决定兵援希腊，导致力量分散。一开始，希特勒根本不关心希腊那个远在东南角的小战事，但现在，他不得不重视那里。这首先是因为，德军非常依赖罗马尼亚的石油。而且，希特勒已经在1940年10月向罗马尼亚派出了一支军队，以防苏联或英国入侵那里。1941年4月，希特勒与保加利亚联合进兵南斯拉夫，并从那里攻入希腊。为此，英国暂停了北非的军事行动来援助希腊。然而，英军仍然没有摆脱厄运的袭扰。英国皇家空军主要驻守在本土，而德国空军则在地中海地区部署了1 500架战机。5月，德国伞兵部队在克里特岛实施空降作战，导致1.3万名英军士兵被俘。

在地中海战事的背景下，希特勒展开了他最大胆的行动——进攻苏联。一旦他不再下大力气考虑北非的战事，他就可以重新执行他一开始的计划。1940年和1941年之交，苏德两国之间爆发了很多争吵，迫切需要双方做出澄清。1940年9月，德国与日本签订了一份协议，此举促使日本进一步放开手脚侵占远东的土地。由于英法等国正在败退，它们在远东的殖民地就成了大块的肥肉。但是，日本和苏联在中国东北边境发生了冲突。为了解决这一矛盾，希特勒邀请苏联负责外交事务的维亚切斯拉夫·莫洛托夫[1]于1940年11月赶到柏林。希特勒提供的方案类似于拿破仑曾经向沙皇亚历山大一世[2]所提出的方案——苏联与意大利（计划占据非洲）、德国（计划占据欧洲）和日本（计划占据东亚）结盟，将来可以占据伊朗和印度。但是莫洛托夫想要黑海通往地中海的海峡和土耳其的水域，而且不允许任何形式的欺骗。莫洛托夫对德国干涉芬兰和罗马尼亚表示了不满，因为这两个国家是苏联的邻邦，而且都与苏联不和（罗马尼亚已经发生法西斯政变），所以斯大林对这两个国家极为敏感。当上述讨论正在进行的时候，英国对德国进行了一次轰炸（丘吉尔打趣说，这是针对希特勒没有邀请他而采取的报复行动），而且，希特勒一直说战争实际上已经结束，结果莫洛托夫针锋相对地问道："如果战争已经结束，那我们现在为什么还坐在隐蔽工事里？"他对希特勒提出的方案毫无兴趣，两眼只盯着土耳其。莫洛托夫是一个非常容易惹人愤怒的谈判者，"不行"是他的口头禅。如果他能在希特勒的劝诱下做出让步，接受印度而非土耳其，后面的进展或许就将大不相同。总之，莫洛托夫

---

① 维亚切斯拉夫·莫洛托夫（Vyacheslav Molotov，1890—1986），苏共中央政治局委员（1926—1957），斯大林领导班子的二号人物。

② 沙皇亚历山大一世（Tsar Alexander I，1777—1825），击败法兰西第一帝国的拿破仑一世，他复兴了欧洲各国王室，被欧洲各国和俄国民众尊称为"神圣王"和"欧洲的救世主"。

一离开，希特勒就下令开始准备对苏联发起全面进攻。这一行动的代号是巴巴罗萨，巴巴罗萨是中世纪一位发动了十字军东征的皇帝[①]。

希特勒认识到，时局对他并不利。相反，美国正在调动无比强大的经济力量，而且，他们已经开始在北大西洋对抗德国潜艇。在短期内，德国最佳的选择是加强与日本的联系。因为在 1929 年的全球大萧条之后，奉行军国主义的半独裁日本正急需原材料和市场。从 1931 年起，日本逐渐侵占了中国的沿海地区，而美国在某种意义上是中国的保护国，所以日本与美国摩擦不断。签订《反共产国际协定》的各国一直未能发展成为有效的同盟关系。但是如果希特勒征服了欧洲，他所能提供的东西自然就比以往更多了，比如荷兰和法国在东亚的殖民地。日本需要石油，可以从荷属东印度[②]得到。于是在 1940 年 9 月，德意日三国签署了一份三方协议[③]，互相保证在盟国受到攻击的时候向攻击国宣战。希特勒不希望日本帮忙对付苏联，而是希望他的这位新盟友能把美国稳住。于

---

① 即红胡子腓特烈一世（1122—1190），德意志国王（1152—1190），神圣罗马帝国皇帝（1155—1190）。

② 指 1800—1949 年间由荷兰人所统治的印度尼西亚。在“二战”当中，荷兰被德国占领，随后荷兰宣布终止与日本的贸易，导致日本侵略印度尼西亚。

③ 即签订于 1940 年 9 月 27 日的《德意日三国同盟条约》。

是，日本遵循了这一思路，与莫斯科签订了互不侵犯条约[①]。随后，日本对中国实施了无情的轰炸，并且准备进犯东南亚。

德国正在准备对苏联动武，而此时日本却与苏联签订了条约，这是非常奇怪的，因为日本进攻西伯利亚将对战争起到决定性的作用。但这还不是巴巴罗萨计划唯一的奇怪之处。随着仗越打越困难，德国人开始争辩，到底谁应该为现在的局势负责。不过，在制订巴巴罗萨计划的过程中和刚刚开始实施这一计划的时候，几乎没有哪位将军表示反对。因为，在进攻法国之前，他们表达了很多的反对意见，可是他们的元首击败了法国，所以他们相信希特勒的不败神话。不仅如此，他们也相信了苏联的孱弱。在这一方面，他们统统站在了一边，几乎众口一词地认为，德国人将在 10 天内结束战斗（根据英国的情报），或者一个月（根据英国大使斯塔福德·克里普斯[②]），或者最多3个月（根据美国军方），斯大林很可能会认为，结束只需“一个周末”。斯大林害怕有人发动针对他的军事政变，于是把苏联红军的高级军官处理掉了一大批。这些人深思熟虑，经验老到，军事才能十分出众。

---

① 即签订于 1941 年 4 月 13 日的《苏日互不侵犯条约》，又称《苏日中立条约》。

② 斯塔福德·克里普斯（Stafford Cripps，1889—1952），英国工党政治家，1940—1942 年任英国驻苏联大使。

比如未来的元帅康斯坦丁·罗科索夫斯基[①]，他的牙已经被打掉，脚趾也受了伤，直到巴巴罗萨计划救了他。这样的例子还有很多。西方世界对苏联的整体印象是，这个国家正在崩溃。很多人认为，苏联人已经整顿了农业，可整顿却带来了饥荒。苏联人的口粮直到 1952 年才重新恢复到十月革命前的水平。据说，希特勒曾这样说，我们一脚踢开屋门，房子就会塌掉。

巴巴罗萨计划的战略规划是在仓促中制订的，而且几乎无人反对。希特勒是一个没见过什么世面的人，又被捧到了一个名不副实的高度，胜利已经冲昏了他的头脑。俾斯麦或丘吉尔能在胜利面前保持清醒，但希特勒不行。希特勒认为自己正在被“上帝”所眷顾，因而是永远不会失败的。他要做德国的亚历山大大帝[②]，推翻东方世界的残暴王权，而西欧的广大民众也会自愿加入（就像希腊城邦追随亚历山大大帝一样）。比如，一个西班牙师将在列宁格勒作战，除此之外，还有意大利、匈牙利和罗马尼亚的军队，以及荷兰、法国和斯

① 康斯坦丁·罗科索夫斯基（Konstantin Rokossovsky，1896—1968），苏军将领，1944 年晋升为元帅，在“二战”时期的苏联卫国战争中屡建奇功，与朱可夫、科涅夫并称为苏联陆军的“三驾马车”。

② 亚历山大大帝（Alexander the Great，公元前 356 年—公元前 323 年），马其顿国王之子，曾受教于亚里士多德，建立起横跨亚欧非三大洲的亚历山大帝国，一生未尝败绩，成为历史上最成功的统帅之一。

堪的纳维亚国家的军队也会参与进来。然而，进攻苏联的巨大危险在于，进攻者会被这个国家吞掉，迷失掉自己的方位，因为苏联的大部分地区都非常落后。欧洲有道路、村庄、教堂和小镇，与此相反的是，正如维克多·雨果在描述拿破仑从莫斯科撤退时所言，苏联只是“一个白色的平原接着另一个白色的平原”。但是，希特勒却没有从他的将军们那里听到任何不同的意见，他命令他们从北起阿尔汉格尔斯克①，南到克里米亚②的广大战线上同时发起攻击。而且，由于西线的胜利和海上作战，德国在经济方面的准备一点也不充分，德国民众的生活物资也没有显著削减。与此同时，德国兵团的战斗力却削弱了。进攻苏联的部队所拥有的飞机和坦克并不比进攻法国时多。一个德国装甲师一般有 1.7 万名士兵，配备约 200 辆坦克和机械化步兵。但是在进攻苏联的时候，坦克的数量却下降到了 125 辆。与苏联的 T-34 中型坦克和 KV 重型坦克相比，德国坦克整体上处于劣势，不仅射程短，而且装甲薄。此外，希特勒也没有为部队准备过冬的衣物和属于基本物资的防冻液。300 万德军和 3 400 辆坦克（还有 3 000 架飞机）快速集结到了波兰和罗马尼亚边境。苏联问德国在做什么，

---

① 苏联西北部港口城市。

② 即克里米亚半岛，乌克兰南部半岛，位于黑海与亚速海之间。

结果德国人抛来了一个荒唐可笑的理由：训练。

可笑的是，对于即将来临的进攻，斯大林早已得到一波又一波的警示。他在东京的间谍知道，丘吉尔知道（英国人破译了德国的文件），德军的叛逃者知道。而且英国人还在瑞士精心组建了一个假冒的共产党间谍组织，代号“露西”，由他们将英国人所了解到的真实情况传达给苏联人。斯大林一点儿都不在意英国人的情报，他甚至懒得把著名的“剑桥五杰”所打探到的大量情报翻译成俄文。狡猾的英国人一直认为，斯大林可能会相信“露西”。然而，所有这一切努力全都是白费工夫。亚历山大·索尔仁尼琴①写道，在斯大林的一生当中，他只相信一个人。斯大林不相信列夫·托洛茨基②，不相信苏共中央政治局，不相信他的将军们，也不相信写文章的人，他唯一相信的人只有阿道夫·希特勒。在1941年6月22日凌晨2点的布列斯特–立托夫斯克，随着一声响亮的汽笛，最后一列满载物资的列车缓缓地驶过了西布格河上的铁路桥。这些物资是斯大林提议运送的，以此来安抚希

---

① 亚历山大·索尔仁尼琴（Aleksandr Solzhenitsyn，1918—2008），俄罗斯作家，“二战”时任苏联炮兵连长，因作战勇敢获得2枚勋章，1970年获诺贝尔文学奖，代表作有描写极权主义的巨著《古拉格群岛》，被誉为“俄罗斯的良心”。

② 列夫·托洛茨基（Lev Trotsky，1879—1940），曾任苏共中央政治局委员，苏联红军最高统帅，1927年因反对斯大林独裁被开除党籍，流放他国，1940年在墨西哥城被苏联特工暗杀。

特勒。然而就在一小时之后，德军对苏联的进攻打响了。一名信仰共产主义的德国士兵逃离部队，游过大河，向苏联人通风报信，可他却被枪毙掉了。很多人写道，从苏联军队在边境的部署可以看出，斯大林本打算首先发起进攻。但实际上，希特勒正好把苏军的动向作为了进攻的借口。不过，苏军的防线已经在 1939 年向西推进了 160 千米，进入了波兰，身后的防御工事已经不受重视，而新的工事极为简陋，可军队却驻了进去。不过，苏联的这一动作也反映出另一个情况，那就是，斯大林对苏联红军的忠诚度和战斗力严重缺乏信心，所以只有把他们部署在最前线，排成不便调动的阵势，后面再加一条由秘密警察部队组成的警戒线，以便随时击毙因恐慌而逃散的士兵，这样斯大林才能放心。很明显，要与德国交战，斯大林需要更多的时间来做准备，而苏联红军的军事信条也很容易招致德军的大举进犯。斯大林不相信希特勒会在这个时候动手。进攻打响时，莫洛托夫问德国大使维尔纳·冯·舒伦堡[①]："为什么要进攻苏联？我们做了什么？"对方的回答是："因为你们的存在。"希特勒要让苏联退出历史舞台，并针对所有的共产主义者和犹太人（所谓的共产主义

---

① 维尔纳·冯·舒伦堡（Werner von Schulenburg，1875—1944），纳粹早期支持者，在巴巴罗萨计划实施前任德国驻苏联大使。

的元凶）发号施令，见一个杀一个。他们认为纳粹主义象征着欧洲文明的胜利，而被邪恶的犹太人操纵的野蛮俄罗斯人则需要被清剿干净。

1941年6月22日凌晨3点到4点之间，德军一路向前。德军主力是由费多尔·冯·博克①所指挥的中央集团军群。博克个子很高，出身于普鲁士军人世家，曾经在“一战”当中担任德军总参谋长的埃里希·冯·法金汉是他的家人②。博克的威名甚至一度震住了希特勒，所以一向我行我素，而其他将军却越来越不敢这样做。中央集团军群集结了半数的德军兵力，直捣莫斯科而去。这一路基本上是大平原，只在前方约650千米的地方有一处障碍，那是第聂伯河③与西德维纳河④之间的一片狭长地带。这一带是历史上进攻莫斯科的传统路线，附近的斯摩棱斯克⑤还坐落着一座古老的要塞。不久后，它将见证一场大战。不过，我们还是从一开始的德军大捷说

---

① 费多尔·冯·博克（Fedor von Bock，1880—1945），纳粹德国将领。在“二战”中，博克于1939年在入侵波兰的行动中指挥北方集团军群，1940年在西线攻势中指挥B集团军群，1941年在入侵苏联的“巴巴罗萨计划”中指挥中央集团军群。

② 埃里希·冯·法金汉（Erich von Falkenhayn，1861—1922），德国军事家，步兵上将，1914—1916年间任德军总参谋长，为博克的舅舅。

③ 欧洲第三长河，发源于莫斯科西部，流经白俄罗斯和乌克兰，注入黑海。

④ 又名道加瓦河，是拉脱维亚和白俄罗斯北部的主要河流，发源于莫斯科西部，流经白俄罗斯和拉脱维亚，注入波罗的海。

⑤ 俄罗斯最古老的城市之一，位于俄罗斯西部第聂伯河畔，距离莫斯科360千米。

起。苏联红军的坦克和飞机比德军多，但是大部分装备都已老化过时。比如，苏军只有排一级的指挥坦克[①]才装备有无线电设备，而德军的所有坦克都装有无线电。德军闪电战术的第一项战果便是在苏军机场上击毁千余架苏军战机。当时，太阳刚刚升起，德军飞机就神不知鬼不觉地飞到了苏军机场上空。苏军的飞行员只参加了 4 个小时的飞行训练，他们害怕犯错误，如有闪失，他们就要承担蓄意破坏的罪名，所以不愿意训练更久。苏军拥有大规模的机械化部队，但是大得超出了指挥系统的承受能力，每支部队拥有 1 000 辆坦克，3.6 万名士兵，在灵活性上远逊德军。在战争爆发后的第一个星期里，苏军的大部分机械化部队惨遭覆灭。

德军势如破竹，在一些地区尤其如此，比如波兰的东南部城市利沃夫。在那里，德军被当地民众视为解放者，因而受到了热烈的欢迎。德军的战术准备和情报工作做得非常扎实，而苏军方面却是一片混乱。不仅如此，来自苏军总部的反攻命令又使这一切雪上加霜，导致一支又一支苏军部队在不知所措中束手就擒。指挥苏联西方面军的德米特里·巴甫洛夫[②]将军遭到解职，并以作战不力和叛国罪被枪决。在博克

---

① 用作指挥的坦克，没有炮管，有天线，作为联络中转站。

② 德米特里·巴甫洛夫（Dmitry Pavlov，1897—1941），苏联红军将领，1941 年晋升为大将。

的中央集团军群左翼，赫尔曼·霍特[①]所指挥的装甲集团军到达了维尔纽斯[②]，前方就是明斯克[③]。随后，霍特兵分两路，于6月25日冲破了苏军的两个集团军群。在中央集团军群的右翼，德军将领古德里安迅速推进，部署了一个大口袋，把4支苏军部队装了进去。德军的先头部队在别列津纳河形成合围，随后赶到的步兵随即封住了袋口。在北边，截至6月26日，德军已经在西德维纳河对岸建立了多个桥头堡。在中间，德装甲集团军绕过明斯克，把苏军围在了两个大口袋里，一个在比亚韦斯托克[④]，一个在沃尔科维斯克。陷入包围的苏军部队被切断了供给，他们对战事的发展毫不知情，只能在德国空军的狂轰滥炸下分崩离析。到6月29日，29万名苏军士兵已经投降，不过位于布列斯特–立托夫斯克的要塞却坚守到了7月12日。部署在那里的苏联军队在3个星期里损失了50万名士兵、1 200架飞机、5 000辆坦克和1万门火炮。德军的北方集团军群也取得了类似程度的胜利。他们花了两天时间打下立陶宛，其中一支部队在战争的头一天就突进了90千米，以便为关键的渡河战役做准备。德军的南方集团军群进展稍

① 赫尔曼·霍特（Hermann Hoth，1885—1971），纳粹德国装甲战专家。

② 立陶宛首都，位于立陶宛东南部。

③ 苏联重要的工业中心，东欧重要商业城市，1812年被拿破仑摧毁，“二战”中再次被希特勒摧毁，现为白俄罗斯首都。

④ 波兰东北部最大的城市。

慢，因为他们所面对的苏军最为强大。结果，这对德国人倒是一件好事。A 集团军司令格尔德·冯·伦德施泰特命令德军将领埃瓦尔德·冯·克莱斯特的第一装甲集团军在 7 月 11 日推进到距离基辅数千米远的地方，但是久攻不下。不久之后，苏军将在这里蒙受重大损失。斯大林消沉了近两个星期，7 月 3 日才在广播上发表抗击纳粹德国的演说。这时，在苏共中央政治局极为小心地提出了一个建议之后（当苏共中央政治局委员到达斯大林位于乡间的住所时，斯大林还以为他们是来要求他下台的），苏联终于组建了一个中央防御机构。随后，苏联进行了前所未有的大动员，即便 60 岁的老人也至少要从事挖掘战壕的工作，有时要冒着炮火一天挖 12 个小时，只是，这些努力大多于事无补。

有一位苏联人非常了解当时的形势，而且意志坚决，头脑冷静，他就是斯大林的“救火队员”——格奥尔基·朱可夫①元帅。朱可夫似乎有一种非常罕见的气质，使得斯大林不能像震慑他身边的其他人那样震慑朱可夫。而且，朱可夫在 1939 年与日本的边界冲突②中打了一个大胜仗。他知道他在做什么，并且会毫不妥协地把他要做的事情贯彻到底。朱可夫

① 格奥尔基·朱可夫（Georgy Zhukov，1896—1974），“二战”中最优秀的将领之一，1943 年 1 月晋升为元帅。

② 即诺门罕战役。1939 年，朱可夫指挥的苏联军队以较小的代价重创日本关东军。

建议，苏军西方面军现有的前线部队应当在德军到达基辅前退防西德维纳河和第聂伯河一线。这两条河流一条向北，一条向南，形成了一道天然的屏障，只在斯摩棱斯克附近留下一处狭长的地带。这一地带的两翼相对安全，所以可以在这里组织防御，同时在防线后方组建预备队，并从西伯利亚增调军队。实际上，苏联所有受过一定军事训练的士兵能组成600个师，大约1 400万人（包括中亚①人），这一数字是德国所预计的两倍。而且，苏联在短时间内做了一个非同寻常的决定，将相当规模的工业撤到了乌拉尔河以东。这一决定是五年计划办公室的沃兹涅先斯基在6月24日做出的，它改变了乌克兰斯巴顿盆地②和第聂伯河下游扎波罗热③的工业，那里的涡轮机都被尽数毁坏。莫斯科地区撤出了500座工厂和50万名工人，使苏联的兵器工业能够在乌拉尔河以东的哈萨克斯坦地区存活下来。一到达那里，这些工厂就开始实行配给制，并尽可能开足马力投入生产（英国的飞机制造工业也是如此）。接下来，他们将创造奇迹。

朱可夫的判断是正确的，至少德军将再次遭遇挫折。被围在明斯克的苏军顽强抵抗，但最后仍然被歼灭。到7月中

① 一般指哈萨克斯坦、土库曼斯坦、吉尔吉斯斯坦、乌兹别克斯坦和塔吉克斯坦5国。

② 欧洲东南部的产煤区和工业区，煤炭储量丰富。

③ 乌克兰东南部城市。

旬，德军已经进入斯摩棱斯克这个连接两块大陆的大陆桥，这里是挡在莫斯科前面的最后一处地理屏障。与此同时，另一路德军也在向列宁格勒快速推进。接下来，德国人必须要做一个重大的决定。他们应当按照指挥中央集团军群的博克所认为的那样进攻莫斯科呢，还是向南进攻乌克兰，以便获得那里的原材料？如果选择第二种，古德里安的装甲集团军就得挥师南下。这一争论的起因是苏军的防线正在加强。在这当中，德军也进攻了大陆桥上的斯摩棱斯克。在这场战役当中，苏军在斯摩棱斯克南部的叶利尼亚组织了反击，使德军首次遭受重创。苏联人坚守阵地，尽管已经被包围了两个月，但德军仍然无法向前。德军损失了21.3万人，博克不得不停止前进。因为，德军的机动力量最远只能行进650千米左右，这一距离恰好是斯摩棱斯克的位置。坦克和卡车需要维修和保养。在法国，这一距离所能到达的位置是英吉利海峡，不过那里的路况是很好的。在东北方向，这一距离所能到达的位置是波罗的海三国[①]，那里的民众由于从斯大林管制下获得了解放，因此能为德军提供很多帮助。

屋门已经踢开，房子也确实塌了下来，但只塌掉了一小部分。毕竟，这是一幢巨大的房子——苏联的领土面积是德

① 指爱沙尼亚、拉脱维亚和立陶宛。

国的 60 倍。随后，德军进入了为期一个月的休整期。在这当中，希特勒第一次和他的将军们爆发了激烈的争吵。将军们主张攻打莫斯科，而希特勒却认为，莫斯科不重要，这场战争是为了获得煤炭和石油，所以他要攻打苏联南部。希特勒命令大军挥师南下，在基辅附近包围苏联军队。希特勒非常幸运，因为斯大林不同意将这些部队后撤到基辅以东。于是，古德里安的装甲集团军向南推进，克莱斯特的装甲集团军也从克列缅丘格向北移动。在戈梅利，两支巨大的苏军部队被歼灭，到 9 月 17 日苏军已经损失了 50 万人。这是德军战果最为辉煌的一次战役，前方就是顿涅茨盆地和克里米亚半岛，北高加索山脉也不再遥远。基辅陷落，66.5 万人被俘。在干燥的平原上，德国空军与装甲部队配合默契，令苏联人措手不及。随后，德军的南方集团军群继续向前。克莱斯特渡过了第聂伯河，直指顿河河畔的罗斯托夫[①]，并于 10 月 6 日将 10 万苏军围困在了亚速海北岸的别尔江斯克。10 月 24 日，德军攻克哈尔科夫[②]，接着又于 11 月 20 日攻克罗斯托夫。克里米亚大部被毁，只有塞瓦斯托波尔[③]和向北高加索地区延伸的

① 俄国最古老的城市之一。

② 乌克兰第二大城市，位于乌克兰东北部。

③ 克里米亚半岛西南部港口城市。

狭小半岛刻赤[①]幸免于难。在北方，德军于9月中旬开始对列宁格勒实施狂轰滥炸，成为这座城市苦难的开始。出于报复，芬兰军队也经由卡累利阿地峡和维堡，从西北方向进逼列宁格勒。9月15日，列宁格勒被围，德国人决定以饥饿为武器夺取这座城市。随后，这里将有100万人死亡，这一数字超过了英国和美国在“二战”中所投入的兵员的总和。在这个冬天，列宁格勒仅靠附近拉多加湖上一条脆弱的生命线艰难维持。随着拉多加湖冰层加厚，到第二年1月，人员撤离和补给运输都有所增长，这座城市才终于没有陷落。另一个重要的原因是，芬兰人懂得适可而止。他们收复了1939年失去的土地[②]，但曾经是沙皇俄国骑兵将领的芬军指挥官卡尔·古斯塔夫·埃米尔·曼纳海姆[③]元帅非常了解俄罗斯人。他说，如果我们继续向前，那么他们绝不会原谅我们。因此，列宁格勒没有陷落与芬兰人关系重大。

1941年10月上旬，德军对莫斯科展开了大规模的攻势——台风行动。古德里安的装甲集团军通过奥廖尔、布良

① 位于克里米亚半岛东部。

② 1939年苏联提出以一片领土跟芬兰交换，用以防范德国。芬兰未同意，随后苏联发动进攻。

③ 卡尔·古斯塔夫·埃米尔·曼纳海姆（Carl Gustaf Emil Mannerheim，1867—1951），中文名为马达汉，1906—1908年在中国做探险考察，著有《马达汉西域考察日记》，“二战”中任芬兰国防军总司令，1944—1946年任芬兰共和国总统。

斯克和图拉[1]向北进发。现在，这3座城市已经成为俄罗斯军事史上的著名地点。在莫斯科以北，霍特的装甲集团军南下通过维亚济马[2]和曾经是俄法古战场的博罗季诺。德军的兵力将近100万，另外配备有1 700辆坦克和1.4万门火炮，但飞机只有550架（德国空军已经又损失1 603架战机，另有1 028架损坏）。德军计划集中兵力攻击维亚济马和布良斯克，然后从南、北两个方向合围莫斯科。苏联红军拥有125万名士兵、1 000辆坦克、7 600门火炮和不到1 000架飞机，但训练不足和武器质量不高的问题仍然存在。德军的两个装甲集团军从北部冲破了苏军匆忙建立的防线，当他们在维亚济马会师时，他们对苏军形成了合围。苏军继续战斗，拖住了德军的30个师。而在一年之前，法军在类似的境遇下放弃了抵抗。很多苏军士兵逃出包围圈，随后加入莫斯科西侧的莫扎伊斯克防线当中。在南部的布良斯克，情况也大致相同。古德里安经由奥廖尔包围了苏联红军，并在空军的大力配合下，于10月6日攻下了布良斯克。两支苏军部队被围，但是没有投降。此外，苏军还在身后的姆岑斯克附近新建了一条防线。1941年10月7日，德军的进攻开始遭遇雨季。道路泥泞，无

---

① 奥廖尔位于奥卡河畔，距莫斯科360千米，布良斯克位于杰斯纳河畔，图拉位于莫斯科以南165千米。

② 俄罗斯斯摩棱斯克州东部城市，位于莫斯科西侧。

法前行。这时，苏军开始用自己的 T-34 新型坦克从树林里伏击德军坦克，肆意蹂躏处于劣势的德军第四装甲集团军。德军坦克只装备了 75 毫米口径的主炮，只能从后方击毁 T-34 坦克。10 月中旬，德军在莫扎伊斯克防线遭遇了坚决的抵抗。此时，朱可夫已经离开列宁格勒，来到了一片混乱的莫斯科，并接手了那里的防务。

这就是著名的莫斯科大恐慌，凡是经历过它的人都在潜意识里留下了难以磨灭的印记。苏联共产党、总参谋部和苏联政府乘坐专列离开莫斯科，去往了伏尔加河沿岸的萨马拉。在莫斯科，很多人趁乱打劫。在市中心新建的公寓大楼，管理者与抢劫者沆瀣一气，直到秘密警察部队进驻，将打劫者射杀。斯大林公开表示自己将留在莫斯科，11 月 7 日[①]，他主持了庆祝十月革命 24 周年的大阅兵。10 月 13 日，德军已经抵达加里宁[②]到沃洛科拉姆斯克（莫斯科西北 130 千米）再到卡卢加（莫斯科西南 145 千米）一线。莫斯科已经变成一座堡垒，妇女和儿童都在成吨成吨地挖土，并且没有挖土机来帮他们的忙。现在，莫斯科已经开始遭受空袭。德国人尽力绕开了这些工事。但位于莫斯科南部 210 千米的工业城市图拉还

① 俄历 10 月 25 日。

② 旧称特维尔，1931 年为纪念苏联领袖米哈伊尔·伊万诺维奇·加里宁而改名为加里宁，1990 年恢复原名。

在抵抗。10月18日，德军对莫扎伊斯克防线发起了进攻，并在10月27日攻克了沃洛科拉姆斯克。但是天公不作美，汽车几乎无法前进，导致部队补给异常困难。在气温下降，冻伤增加的情况下，缺少过冬衣物的德军实在难以为继。德军能够使用的汽车只剩1/3，步兵师的战斗力也只剩下1/3，60万匹强壮的德国战马日渐衰弱，不断倒地死去。

到1941年11月15日，正当大地已经封冻之时，最后的决战开始了。德军两个装甲集团军意图从北侧包围莫斯科，在莫斯科以南的另一个装甲集团军意图通过科洛姆纳从莫斯科东侧与北侧的德军形成合围。这一压迫性的攻势一度起到了作用，日落时，德军军官已经能够通过双筒望远镜看到远处克里姆林宫的金色圆顶所反射的太阳光。莫斯科就在眼前了。德军已经前进到了列夫·托尔斯泰的家乡——红波利亚纳。这里距离莫斯科只有不到20千米远，但是图拉的抵抗仍然在继续，导致古德里安始终都无法从南侧靠近莫斯科。由于莫斯科南、北两侧的坚决抵抗，博克尝试直接从西侧进攻莫斯科。但是，他的坦克所剩无几，进攻发起4天后就难以为继。现在，在通往莫斯科机场的道路上有一个叫作希姆基的小城，小城里有一座纪念堂，它就是一个巨大的坦克障碍。这里就是德军进攻莫斯科所到达的最接近市中心的地方，这里距离克里姆林宫只有24千米。1941年12月5日，整装待发的西伯利亚部队向莫斯科前方的德军部队展开了攻击。这些关键的增援部队已经从远东调遣到西部，因为与对希特勒的承诺相比，日本显然更愿意遵守对苏联的承诺——这是这场战争当中最关键的决定因素之一。此外，苏联的其他地区也保存了一些预备队。就这样，莫斯科保卫战结束了。1942 年 1 月，苏军已经迫使德军后退了 320 千米，而此时的德军已经明显虚弱不堪。德军的 100 万士兵已经损失了 3/4，而且基本没有轮换过。11 月 30 日，在南部的罗斯托夫，苏军的反击非常猛烈，伦德施泰特害怕被围，于是将南方集团军群撤到了米乌斯河和顿涅茨河一带（后来，这里成了"二战"期间著名的战场）。德军在广阔的战线上一直处于防守状态。在北部前线，德军被迫从拉多加湖南岸的季赫温撤退，于是列宁格勒获得了一条通往外界的狭窄通道。

随着严寒冬季的来临，德军的处境越来越糟糕。苏联原有的铁路系统陈旧破败，运行效率十分低下。施迈瑟冲锋枪的润滑油也结成了冰。因为运输能力有限，德军的冬装还滞留在身后的波兰。12 月 20 日，戈培尔[①] 请求德国民众为士兵寄送保暖衣物。前一天，希特勒刚刚解除了陆军元帅瓦尔

---

① 保罗·约瑟夫·戈培尔（Paul Joseph Goebbels，1897—1945），纳粹德国国民教育与宣传部长，擅长讲演，被称为"宣传的天才"。

特·冯·布劳希奇[1]的陆军总司令一职，指责他未能攻下莫斯科。从此以后，德国国防军最高统帅部将在希特勒的直接命令下指挥德军与苏军作战，而这个命令作战的最高统帅部位于柏林外的佐森（Zossen）地区。此前，德军几乎打到了高加索山脉，也攻入了克里米亚半岛。现在，通往北高加索地区的入口和克里米亚半岛东北海岸的大部仍然掌握在德军手中。但是在冬季，以这里为终点的补给线运转十分艰难。而且，苏联海军控制着黑海，所以即便是从罗马尼亚的康斯坦察出发，经由海路实施补给，效果依然很差。此时，苏军在敖德萨[2]进行了一场敦刻尔克式的大撤退，撤到了克里米亚半岛西南部的塞瓦斯托波尔。仅仅从攻占的地域来说，德军的优势十分显著，然而实际上，他们正面临着巨大的危险，一些将领甚至建议将德军部队尽数撤回波兰。但这并不符合希特勒的做事习惯。或许他认为，一旦撤退开始，撤退本身就会成为一个巨大的困难，甚至比拿破仑当年所面对的困难还要严重，毕竟，拿破仑军队早在10月份就开始撤退了；除此之外，撤退还会使部队陷入恐慌。希特勒命令德军守住现在的战线，加强防御，并从空中获得补给。苏军对德军的防御工事发起

---

① 瓦尔特·冯·布劳希奇（Walther von Brauchitsch，1881—1948），纳粹德国陆军总司令（1938—1941），希特勒经常绕过他直接指挥德国陆军。

② 乌克兰南部城市，位于黑海北岸。

了一轮又一轮的冲锋，然而，除了局部有所胜利之外，从整体来看，还是显示出了希特勒的正确——德军的包围圈仍然牢不可破，而苏军却损失巨大。到 1942 年春天，德军依旧占领着苏联的大片国土。北边，德军依旧在围困列宁格勒。中间，德军从勒热夫威胁莫斯科，二者仅相距 160 千米。南边，德军大致占据第聂伯河一线，并且占领了东部的广大地区和克里米亚半岛的一部分。接下来，双方将展开一场世界级的大战。

珍珠港与北非战场

珍珠港偷袭后，美国海军亚利桑那号航空母舰被日本炸弹击中后燃烧了两天

德军在莫斯科前方的退败令人震惊，然而几乎与此同时，地球的另一面也在进行另一场大战，日本军队成功地突袭了位于太平洋中部夏威夷群岛的美国海军基地——珍珠港，取得了辉煌的战果。这场战争的起因要追溯到几十年前。在1904年爆发的日俄战争中，日本军队击败了俄国海军，使日本成为除欧洲各国以外第一个击败欧洲海军的国家。当时，日本正试图建立一个强大的帝国。尽管没有原材料，但是凭借顽强的适应力，日本接管了西方在亚洲的很多殖民地。后来在大萧条期间，日本的邻国中国发生了革命，于是日本人、共产党和国民党三方开始互相较量。日军攻占了多个通商口岸，触动了美国的利益。美国将“门户开放政策”（自由贸易，不干涉内政）视作基本规则，由于日本侵略中国（比如提倡大和民族优等论，与欧洲一些国家的做法非常相似），使美国利益受损，于是美国对日本做了很不客气的回应。日军的暴行臭名昭著，5 000名美国传教士的见闻都验证了这一点（一位传教士的女儿赛珍珠写了很多同情中国农民生活的小说，获得了诺贝尔文学奖，但是她获得这一奖项也引发了一些争议）。日本人无法容忍美国人的任何批评，美国人也以制裁相威胁。石油是日本最大的软肋。1940 年，日本从法国、荷兰的战败中渔利，派军夺取了法国在东南亚的殖民地，并将侵略的矛头指向了盛产石油的荷属东印度群岛。英美两国对日本实施了石油禁运，并且冻结了日本在各自国内的资产。结果，日本和英美两国成了死对头。在与苏联签订《苏日互不侵犯条约》之后，日本继续推行自己的战争计划，重创了美国设在珍珠港的海军基地，抢夺了关岛和威克岛等岛屿，占据了荷兰在东印度群岛和菲律宾群岛①的石油资源，并且把英国人赶出了他们设在新加坡的海军基地。随后，日本开始建立自己的势力范围（起了个古怪的名字叫“共荣圈”），而西方诸国却无力阻止。当然，一些对英美两国非常了解的日本领导人懂得，日本这么做将引火烧身，但是由于日本的种族自豪感和国民对天皇的神化根深蒂固，他们没有别的选择，只能寄希望于胜利的一线曙光。

1941 年 12 月 7 日，日军以迅雷不及掩耳之势成功地突袭了珍珠港。不过，这在很大程度上是因为珍珠港正处于沉睡状态。飞机整齐地排列在机场上，等着日军来轰炸；高射

① 1898 年美西战争后成为美国势力范围。

炮无人操作；弹药库大门紧锁，钥匙也不知去了哪里。幸运的是，美军的 3 艘航空母舰都不在港内，它们被派去守卫另一个可以开辟为机场的小岛去了。但是，尽管如此，日军的突袭仍旧造成了严重的破坏，8 艘战列舰瘫痪，2 402 人死亡。日本豪赌的是，在遭受如此突然而惨重的失败之后，美国将同意与日本签订条约，允许日本在中国为所欲为。当时的英雄、日本联合舰队司令山本五十六[①]并不认为这次袭击的决策是正确的。他了解美国人，知道他们最终会从一开始的混乱和迷茫中走出来实施反击，他们永远不会忘记这一耻辱。毕竟，美国人的损失并没有达到日本人一开始所设想的程度。美军的航空母舰要比战列舰重要得多，而且，由于日军发现航母不在港内，他们担心遭到反击，于是过早撤退，导致关键的海军基础设施（油料罐和造船厂）、潜艇和信号情报装置全都毫发无损。

1942 年上半年，英美两军在太平洋战场持续失利。丘吉尔是一个老派的帝国主义者，他决心向世人显示英国的力量。他知道维持英国在印度的统治这一“面子”有多么重要，也非常看重他那不同寻常而又少有反省的自信，这样他就能依

① 山本五十六（Isoroku Yamamoto，1884—1943），日本海军将领，1939 年任日本联合舰队司令，1943 年被美军截杀，后被追授元帅军衔。

靠区区 6 万人的英国军队和一支主要由当地人组成的部队来维持英国对拥有 4 亿人口之众的印度的统治。他命令两艘大型战列舰开进印度洋，以便宣示英国的力量，威慑日本。然而，这两艘巨型军舰遭到了日军飞机的袭击，双双沉入了大海。现在，日军开始取道泰国等地进攻马来西亚，而美军在关岛和威克岛的空军基地也遭到了日本海军的攻击。1942 年 1 月 1 日，美、英、苏、中等 26 国在华盛顿发表了《联合国家共同宣言》，在东南亚建立了为英国所掌控的最高司令部。然而日本人对此毫不在意，他们攻占了菲律宾的马尼拉和新几内亚岛的大部。1942 年 2 月 15 日，英国人再次遭受了沉重的打击——新加坡陷落。100 多年来，新加坡一直是英国的属地，也是利润丰厚的贸易中心。2 月 8 日，日军发起进攻，此时还有 13 万大英帝国军队驻扎在这里，兵力是日军的 5 倍。但是，英军连一辆坦克也没有，而日军有 200 辆。此外，日军在空军上的优势也非常明显。英军投降后，约 8 万名战俘（有英国人、澳大利亚人、印度人）被日军押往战俘营，等待他们的将是强制劳动、饥饿、死亡等无比残酷的境遇。

1942 年 2 月下旬到 3 月上旬，日本海军一路势不可当，进入印度洋后攻打了锡兰[①]。随后，一艘英军航母被击沉，英

① 即今天的斯里兰卡，位于印度东南方。

军舰船于是不得不远离印度洋。此外，日军也攻打了缅甸，以图切断中国国民革命军的供应线。中国国民革命军阻碍了日军的计划，并且仍然在顽强抵抗。美国人对他们施以援手，不但派出军事顾问，还援助飞机，并且通过缅甸公路向中国运送补给物资。英军起先想固守他们的殖民地，但是兵力严重短缺，缅军的作战能力又无法保证，何况当时的日军还拥有制空权，所以只能向后撤退。这是一次长达 1 600 千米的艰难跋涉，一路上，地形非常复杂。最后，他们终于在 5 月初到达了印度边界。此时，雨季来临，才使日军无法继续进攻。当时，中国国民革命军的供应线已经被切断，只剩下一条飞越喜马拉雅山脉极其危险的航线。不过，中国国民革命军还是成功地拖住了 3/5 的日军，安东尼·比弗中肯地写道："许久以来，中日战争在第二次世界大战当中像是缺失的一部分。"除了中国，其余区域都没能抵挡住日军如潮的攻势。美军名将道格拉斯·麦克阿瑟①曾经放言守住菲律宾，但是他的大部分飞机都被日军炸毁在了机场上。3 月，麦克阿瑟被调离了战场。麦克阿瑟曾于 1937 年从陆军退役，后来成为菲律宾自治领政府②的军事顾问。1941 年，麦克阿瑟再次服役。他溜

① 道格拉斯·麦克阿瑟（Douglas MacArthur，1880—1964），美军将领，1944 年晋升为陆军五星上将。

② 成立于 1935 年。1898—1935 年，菲律宾是美国的殖民地。

到了澳大利亚。不过他发誓："我还要回来。"他的 8 万名士兵在马尼拉湾的柯雷吉多尔岛一直抵抗到 5 月 8 日。在澳大利亚，美国和欧洲帝国的一系列退败引发了严重的恐慌。日本只是一个远离大陆的岛国，当时却极大地拓展了自己的疆域。日军在中国占领了大片的土地，并对印度形成威胁。日本海军控制了广阔的海域，把太平洋岛屿用作军事基地和防御要塞。新几内亚岛附近的拉包尔①被建设成主要的海军基地。同时，日本也在所罗门群岛进行扩张，打算在瓜达尔卡纳尔岛建设空军基地。此外，日军也有效地利用了从美国手中夺取的关岛和威克岛。

此时，英国人正处于非常不利的位置。他们在印度的统治显然已经走到了尽头，但是他们既无法抛下印度，也无力为它提供有力的保护。由于在新加坡等地的一系列失败，大英帝国已经失尽颜面，就连印度也不愿继续臣服于它的统治。如果出兵抵抗日本，其余领地的防御就会受到削弱。随着 1942 年的继续，英国的噩梦还会一个接一个地到来。事实上，英国所占据的地域已经远远超出了它所能保卫的范围。整个大英帝国所呈现出的样貌是非常反常的，位于欧洲西北岸之外的一座岛屿怎么能够管理全世界 1/4 的陆地呢？这是不可能

① 位于西太平洋新不列颠岛，曾是巴布亚新几内亚的一个城市，1994 年因火山爆发被毁。

做到的，除非英国获得美国的支持，而丘吉尔所赌的也正是这一点。日本对珍珠港的袭击使美国也加入了战争。从此之后，两国开始并肩战斗。在此之前，美国一直竭力避免再次卷入世界大战。在整个20世纪30年代，美国国会通过了一系列中立法案，禁止向交战国出售武器。然而，到了1940年12月，回忆起德军对波兰的进攻，美国总统罗斯福宣布，美国将成为“民主国家的兵工厂”。罗斯福的目的是在美国不参战的前提下帮助英国，他制定了一份租借法案。1941年3月，美国国会也通过了一份授权法案，允许美国政府“通过出售、转让、置换、租借等方式”为特定的国家“提供防御武器和物资”。当年3月，英国成了受益于授权法案的第一个国家。在接下来的4月和10月，中国和苏联分别成为第二个和第三个受援国。现在，盟军的首要目标是控制大西洋，以便使美国的军队和补给能够运抵英国。到1942年7月，正当美国人最终在自己的海域组织起护航舰队时，德国海军指挥官卡尔·邓尼茨[①]也开始把他的U型潜艇对准了北大西洋。德军有足够的U型潜艇在广大的海域里制造威胁，有时能同时对多达15艘船只发起攻击。为了保护护航舰队不受U型潜艇的攻击，盟军战斗机既可以从英国空军基地向西飞行，也可以从

① 卡尔·邓尼茨（Karl Dönitz，1891—1980），纳粹德国海军元帅，擅长指挥潜艇作战。

美国空军基地向东飞行。但是，战斗机在飞行中要预留足够的油料，以便能返回机场。而当时的战斗机航程很短，所以无法为舰队提供全程的保护。于是，在一片叫作“中大西洋空隙”的海域，舰队就完全失去了飞机的保护。正是在这里，盟军的护航舰队最容易遭受攻击，而U型潜艇的攻击在这里也最为频繁。1942年10月，在仅仅一个月里，因为盟军的战机无法到达这里，盟军就在格陵兰岛和冰岛之间的海域里损失了66艘舰船，总吨位高达25万吨。不过另一方面，盟军也击沉了更多的U型潜艇，在8月和9月之间击沉了60艘。此时，被击沉的商船比例为1/10，而从前是1/40。英国海军上将马克思·霍顿①上任英国西部海区②总司令后，组织了护航舰预备队，在需要的时候主动搜寻德国潜艇。如果他当时能调派更多的飞机，战果会更加辉煌。同时，一种新战术也出现在了反潜作战领域。在作战中，护航舰会长久地停留在一艘潜艇的上方，使潜艇内的空气消耗殆尽。老式的深水炸弹非常笨重，而且会把海水搅浑。不过，英国很快就用一种叫作刺猬炮的反潜武器代替了老式的深水炸弹，这种炸弹只有接触到潜艇才会爆炸。此外，英国海军还发明了射程更远的

---

① 马克思·霍顿（Max Horton，1883—1951），英国海军上将，在“二战”期间显著地提升了盟军的反潜作战能力。

② 英国西海岸伸入大西洋的一处长方形海域。

乌贼炮。这两种武器总共击沉了 1/4 的德国潜艇。不久后，英国又发明了一种新式反潜武器——“利”式探照灯。在夜间，只要飞机的雷达在海面上搜索到潜艇的信号（潜艇在海面能快速航行，同时为电池充电），探照灯就会自动打开，照射目标。随后，潜艇将遭受突然袭击，沉入海底。厘米波长雷达也能达到同样的效果，这种雷达可以部署在飞机上，而潜艇却侦测不到。于是，潜艇只能在毫无防备的情况下被击毁。

在从 1942 年 2 月开始的 10 个月里，英国的密码破译小组被升级了的恩尼格玛密码机给难住了，于是德军潜艇很少暴露行踪。而德国人却能破译英国海军的通信密码，了解护航舰的方位。1942 年 10 月 30 日，盟军取得了一项重大突破。当时，英国海军在地中海东部捉到了一艘浮出水面的 U 型潜艇，并把它拖上了岸。在这艘潜艇里，英国人找到了一件即将改变“二战”进程的东西——恩尼格玛密码机的密码本，德国人就是用它来解码通信信息的。很快，由于恩尼格玛密码被破译（破译者是计算机科学之父艾伦·图灵），英国海军能知晓德国潜艇的位置，使得从北美出发运送补给到英国和苏联的大西洋护航舰得以安全到达目的地。到 1942 年 11 月，盟军的损失已经大为减少。不过，随着春天的到来，反潜战斗再一次打响。这一次，德军派出了大量的潜艇进行巡逻，盟军的护航舰几乎逃不过这些潜艇的眼睛。在 1943 年 3 月，盟军有 81 艘舰船沉没，总吨位达到了 47.6 万吨，而德军只损失了 12 艘潜艇。一时间，英国出现了严重的供应短缺。不过，形势随后开始好转。在 4 月里，盟军只损失了 39 艘船，总吨位 23.5 万吨，但是德军损失了 15 艘潜艇。5 月，形势进一步反转。在一次慢速的护航行动中，16 艘战舰为 43 艘商船护航，遭到了 30 艘德国潜艇的攻击。在战斗中，盟军损失了 13 艘商船（部分原因是风暴冲散了护航舰只），而德军有 6 艘潜艇被护航舰或飞机击沉。在另一次护航行动中，5 艘德国潜艇被击沉，而盟军却没有损失。在 5 月一整月，43 艘德国潜艇被击沉，其中 34 艘沉入了大西洋，使德军损失了 1/4 的潜艇。与此同时，盟军只损失了 34 艘舰只。出现这一结果的主要原因在于，盟军装备了航程更长的新式飞机——B-24 解放者轰炸机，它的巡航范围覆盖了中大西洋空隙海域。而且，盟军也出动了航空母舰为舰队护航。此外，葡萄牙允许盟军使用亚速尔群岛的机场设施，于是英国皇家空军海岸司令部便能在战争的最后 3 年里（在 1942 年 4 月之后）成为德国潜艇的第一克星。在 1943 年，德军损失了 258 艘潜艇。英国皇家空军击沉了其中的 90 艘，并另外击伤 51 艘。这意味着，美国能够放心地把英国作为欧洲的大本营，斯大林已经多次要求盟军尽快在欧洲西海岸开辟第二战场了。

1941 年和 1942 年，盟军胜败起伏。在东南亚，英国的地位不断下降。不仅如此，英国在全球的战略地位都在下降，只有北非除外。在这里，英军正在修建一条铁路。铁路的一端是亚历山大[①]附近的阿拉曼，另一端是利比亚的图卜鲁格[②]，中间要穿过 1 600 千米的荒凉沙漠。1941 年 1 月 22 日，英国人夺取了先前由意大利占据的图卜鲁格要塞。但在随后，英国人遭遇了补给短缺的问题，甚至连淡水都供应不足。此时，德军和意大利军实施了名为“战斧行动”的反攻，攻入了利比亚东部的昔兰尼加地区，图卜鲁格也在这片区域当中。参加“战斧行动”的德军和意军士兵有 10 万人，配备了 849 辆坦克和 604 架飞机，超过了英军的规模。为了阻挡德军坦克的进攻，英军已经布下了大片的地雷阵。而且，英国人也迎来了他们的新装备——格兰特坦克。这种坦克的装甲和主炮足以媲美德军的Ⅳ型坦克，射程也不再落后（其 6 磅反坦克炮相当于德军的 Pak38 型 50 毫米反坦克炮）。

“沙漠之狐”埃尔温·隆美尔是盟军在北非的大敌。他非常有号召力，他的士兵都十分钦佩他。而且，隆美尔还成功地解除了英军最强大的武器——超级机密（Ultra）。他违抗从罗马的最高统帅部传达来的命令，令英国情报部门措手不

① 埃及北部港口城市。

② 利比亚东北部港口城市。

及。同时，他还能监听北非的无线电信号。于是，隆美尔知道该如何行动。1942 年 5 月 26 日，隆美尔找到了英军防线上的一个弱点，甚至打掉了一个装甲师的指挥部。英军的装甲旅一个接一个地投入战斗，却没有德军所配备的反坦克炮和机动步兵提供支援。隆美尔还创造性地利用了英军的地雷阵，并且用反坦克炮来掩护自己的工兵排除地雷。而英军将领尼尔·里奇①虽然是个不错的参谋，但指挥起来却十分迟缓，而且各部之间缺乏协调，结果被德军逐一击溃。隆美尔派遣部队从沙漠中迂回，绕过了英军的南翼，把原地不动的英军逼向了他们自己埋设的地雷阵。在英军南翼，“自由法国”的部队在战斗中表现出了极高的水准。这意味着，法国军队的实力正在恢复当中。不过，隆美尔还是突破了阵地。德国装甲兵从三面进攻英军阵地，战场上散落着许多受损的英军坦克。英国人本来可以把这些坦克抢救回去，但他们没有这么做。英国第八集团军一路退到埃及边境，使图卜鲁格要塞陷入了孤立无援的境地。英军已经把要塞里的地雷用作加固阵地，他们非常依赖这些工事。然而，在德军猛烈的炮火和无情的轰炸下，缺少战斗经验的英军部队还是在 6 月 21 日丢掉

① 尼尔·里奇（Neil Ritchie，1897—1983），英军将领，1941 年 11 月任英军中东战区副参谋长，后兼任第八集团军司令，在北非连续失利后被降职。

了阵地，为德军留下了大量的物资给养和3.5万名战俘。在华盛顿，罗斯福小声地对丘吉尔说，他愿意立即为英国提供帮助。美国驻开罗公使向美国报告了英军作战效率低下的坏消息，结果被意大利人截获。在这种情况下，隆美尔决定对英军发起进一步的攻击。而这一次，他们所缴获的车辆和油料帮了他们的大忙。

图卜鲁格于1942年6月沦陷之后，英军在埃及边境再次遭受了新一轮的攻击。此时的英军只有不到100辆坦克，火炮也损失了一半。然而即便到了这个时候，英军在布置防御时仍然死搬教条，不敢越雷池一步。部队被部署在固定的防御工事内，前方埋设地雷，而隆美尔很容易就能绕过这些雷区。不过，英军已经吸取了教训。他们的指挥官克劳德·奥金莱克[①]元帅调整了部下的职位，以便增强部队的机动能力。不过，这一切都来得太迟了，等待他们的将是另一场失败。后来，有一张照片记录了失利后的英军。照片里，穿着宽松短裤的奥金莱克元帅情绪低落，独自一人伫立在路边。在他身旁，他的部队正在向最近的一处防御阵地撤退。此时，英国人的学习速度明显加快了很多。他们将在地中海小城阿拉曼

① 克劳德·奥金莱克（Claude Auchinleck，1884—1981），英国陆军元帅，曾在“二战”中担任英军中东战区总司令兼第八集团军司令，1942年8月卸任。

（字面意思是“两面旗”，一面是英国国旗，一面是埃及国旗）的火车站挡住隆美尔的进攻。阿拉曼地处大约 65 千米长的荒漠地带，地势有两处微小的起伏，却被冠以“山脊”的称呼。这两处起伏可以用作观察瞭望，也具有一定的掩护作用。沙漠的边缘是一处巨大的洼地，里面是一大片盐沼，既没有军事价值，也没有任何其他用途。德军无法从这里实施包抄，因为南侧就是坦克无法穿越的撒哈拉沙漠。英军已经在阿拉曼防线筑起了工事。火车站附近的防御尤其坚固，那里还安装了铁丝网。此刻，英军士兵当中已经开始出现恐慌情绪，因为英国舰队正在撤出亚历山大港，总部的职员也在焚烧机密文件。墨索里尼已经为他自己进入开罗准备好了一匹白马。6 月 30 日，隆美尔的军队逼近了阿拉曼防线。但是他的士兵十分疲惫，而且他们在先前的战斗中也有不小的损失，淡水供应也非常困难。奥金莱克已经从伊拉克调来了一个印度旅，他们装备了先进的反坦克炮。而且，英国皇家空军也占据了这里的空中优势。不久后，隆美尔只剩下了 37 辆坦克。手下的 3 个德国师，个个都不足 2 000 人。而且，意大利提供给他的补给遭到了严重的削减。在 6 月和 7 月，隆美尔只获得了 5 000 吨物资，而在 5 月，这一数字是 3.4 万吨。前线的炮火逐渐停息了下来。随后，英军展开了一次反攻，缴获了隆美尔的“宝贝”——信号截获器。

在整个北非战役期间，丘吉尔给前线的将领增添了很多“麻烦”。前线指挥官正在克服无穷无尽的困难，他却发了很多封语气强硬的电报，要求迅速发起进攻，打败隆美尔。最后，他亲自赶赴开罗，解除了奥金莱克的官职。接替奥金莱克的是伯纳德·蒙哥马利。蒙哥马利脾气暴躁，目空一切，非常注重细节，连丘吉尔也要让他三分。丘吉尔在一定程度上接受了蒙哥马利的审慎，并且允许他在战斗前多做一些准备。要是换了其他人这么磨蹭，丘吉尔一定不会同意的。而且，蒙哥马利在人员和物资上也占据了巨大的优势，但是他不慌不忙，直到后方补给线运转通畅，并且掌握空中优势时为止。英军的一场大捷终于就要到来了。

不过，阿拉曼的位置却比较有利于隆美尔的防御，尽管他的坦克和飞机要比蒙哥马利少得多。隆美尔用50万颗地雷埋设了地雷阵，其中的部分地雷来自图卜鲁格。此外，意大利人也制造了大面积的假地雷阵。隆美尔没有机会从侧翼进行包抄，所以只能从正面实施突破。不过，隆美尔只有11.5万名士兵、559辆坦克，而蒙哥马利却有22万名士兵、1 100辆坦克，在兵力上占据了很大的优势。蒙哥马利动了很多脑筋制造假坦克（给吉普车钉上木板，再喷上油漆），而且在其他方面也花了不少心思。不过重要的是，英军占据了绝对的空中优势，而且他们还在不断地袭扰德意联军的补给线。对蒙哥马利有利的另一点是，隆美尔由于劳累过度病倒了。蒙哥马利计划派出工兵，使用波兰设计的快速探雷器，从隆美尔阵地北部的地雷阵中开辟出行进路线，每条路线都足够一辆坦克通过。而且在这之前，英军还计划像 1916 年那样实施大规模轰炸。于是，10 月 23 日，近千门火炮轰击了 6 个小时，每门炮都打掉了约 600 发炮弹。随后，步兵和工兵跟进。然而，工兵发现，他们的任务之重始料未及——雷区纵深竟达 8 千米。如果一辆坦克发生故障，或者发动机出问题，那么整条路线的坦克都得停下来，变成德军反坦克炮的靶子。德军的反坦克炮射程远，穿透力强，英军的坦克最怕这种炮。英军在攻击战斗力较弱（但也不是弱得一塌糊涂）的意大利军时取得了一些进展，但是从整体上来说，蒙哥马利的第一次进攻失败了。此时，患病的隆美尔正在康复之中，而他的代理指挥官却因为心脏病突发而去世，导致指挥官一职出现空缺，尚未康复的隆美尔只得返回，重新指挥部队。此时，英军出动火炮和 1 000 架次[①]飞机对德意联军阵地狂轰滥炸，把 135 吨炸弹倾倒在了他们的阵地上，但英军仍然无法突破防线。蒙哥马利把主攻点调整到了北侧，切断了德军与意大利军的联系。澳大利亚军队和苏格兰军队即将损失殆尽。隆美尔既

① 一架飞机起飞一次。

没有预备队，也没有足够的油料组织起有效的反击。

10月26日，蒙哥马利进兵受阻。丘吉尔两手抱着脑袋问："难道真的找不到能打胜仗的将军了？"不过这个时候，英国皇家空军成了救兵，他们把德国刚刚派出的一艘油轮击沉在了图卜鲁格港。这时，蒙哥马利抽调前线部队组成了预备队，准备发起另一次攻击。此时的战场已经像地狱一般。在一阵阵热浪下，一团团黑色的苍蝇飞旋在尸体上方；伤兵、排泄物、武器零件、燃烧的卡车和坦克，满眼都是。不过，英军要比德军更顽强一些。到了10月29日，英军还有800辆坦克，而德军和意军分别只剩下148辆和187辆，而且几乎无法移动。随后，一艘德国油轮在希腊附近被英国空军发射的鱼雷击沉。11月1日，又有另两艘德国油轮在图卜鲁格港被击沉。隆美尔意识到，现在恐怕连撤退都是很困难的了。他不得不坚守阵地，待在原处。这时，蒙哥马利调整了部署，在北侧增加了攻击的力度，先用飞机轰炸了7个小时，又用360门火炮轰炸了4个小时。然后，工兵在全面的掩护下在雷区里开出了5条通道。在对阿拉曼火车站前方的反坦克炮阵地的攻击中，英军付出了整整一个坦克旅的代价，但是德军的损失更高。他们能用的坦克最多只剩不过35辆，炮兵的战斗力也仅剩余1/3。隆美尔对希特勒说，他必须撤退，然而，希特勒却让他死守。随后，11月3日，1 208架次的英军飞机再次向隆美尔的阵地投掷了400吨炸弹。隆美尔终于撤退了。他过后解释："没有预备队，所有能派出的士兵和能用的大炮都部署到前线上去了。所以，我们尽全力想要避免的事情还是发生了。防线被突破了，高度机械化的敌军从我们的身后涌了进来。上级的命令无法再执行了，我们得保住我们现有的力量。"在战斗当中，隆美尔的副手被俘。11月4日，蒙哥马利突破了隆美尔的防线，但仍然不敢轻率冒进。他一定记得，英军曾经从这里打了过去，但随后就被机动灵活的隆美尔打了个措手不及、损失惨重。然而，此时的德军已经分崩离析，只剩下5 000名士兵、20辆坦克和50门火炮。他们灵巧地后撤了1 600千米，退到了突尼斯。

在11月15日的英国，教堂的钟声鸣响了。从1940年开始，它们就不再发出声音，因为那将意味着德军的进犯。现在，这一可能性已经不复存在，英国民众终于迎来了一场久违的胜利。丘吉尔发表了全国演说："隆美尔的部队已经被我们打败了，他们已经被我们消灭了，基本上没有了战斗力。"站在历史学家的角度，丘吉尔把这一胜利写进了历史："现在还没有结束，甚至结束阶段还没有开始。但是，或许开始阶段已经结束了。""二战"结束后不久，丘吉尔还写道："在阿拉曼战役之前我们屡战屡败。在阿拉曼战役之后我们战无不胜。"

对经历过1942年年末的英国人来说，最重要的事情发生在海上和空中。如果德国封锁了大西洋，英国就会陷入孤立无援的境地。而且，如果德国继续维持空中的优势，苏联也将陷入绝境，无法阻挡德国人的进攻。对于这两点，起到关键作用的还是英国。确实，德国在北非只有3个师，其中一个还是轻步兵师，其余都是意大利人，但北非的重要性非同小可——要害在中东，那里不仅有丰富的石油，战略位置也极为重要。

问题在于，随着战争的继续，不只是英国人，连美国人也被分散了注意力。或许，问题出于奥康纳将军在1940年击败了意大利人。这一胜利鼓舞了英国人，而且当北非战局在1941年年底和1942年年初出现危机时，由于英国已经在埃及驻扎了军队，那么理所当然的做法是继续加强这支部队。但是这样一来，英军主要的陆上作战就发生在了非洲，而不是欧洲。而在美国人看来，英军在这里作战要么是罪恶的（这是帝国主义行径），要么就是避重就轻。但是后来，英军作战失利，盟军需要采取行动来挽回败局。于是英美联军开始对法属北非展开进攻，从西向东打击隆美尔的部队，因为隆美尔指挥的部队从东到西的进攻没有取得成功。对美国人来说，他们完全可以把进攻的重点放在太平洋地区的日本，而不是大西洋地区。而罗斯福始终把大西洋放在第一位，这一点彰显了他的政治智慧。虽然罗斯福把太平洋放在第一位，会更受美国普通民众的欢迎。

随着美国军力的增长，美国选择在北非介入战争，而不是在其他地方，这么做是有道理的，而这一行动的提议者正是丘吉尔。随后，盟军实施了火炬行动（Operation Torch），派遣了一支庞大的英美联军在法属北非登陆。奇怪的是，卡萨布兰卡[①]有一个波兰情报组织（就像电影《卡萨布兰卡》里上演的那样，唯一不同之处在于演员是维也纳人），而且在1942年10月，他们还与当地的维希政府进行了秘密的联系。后来，法国将军亨利·吉罗逃出维希法国投奔盟军，他是一位非常勇敢的人，但不太机智（他想做法军总司令，然而在被拒绝后，他就退出了）。盟军计划派3个特遣队实施两栖登陆，占领关键的港口和机场，然后向东移动，进入突尼斯，直捣隆美尔的后方。在当时的情况下，盟军的行动非常成功。在摩洛哥的卡萨布兰卡，乔治·巴顿将军和他的3.5万名士兵乘坐100艘船从美国而来。另一路英美联军主要从格拉斯哥来，他们穿过直布罗陀海峡，在阿尔及利亚登陆。附近区域的德国潜艇被派去攻击商船了，于是在11月8日，巴顿指挥的部队就登陆完毕了。盟军遇到了一些抵抗，维希法国的一些法国士兵特别恨英国人，不过他们还是失败了，因为维

① 摩洛哥最大的城市，也是重要的港口，位于摩洛哥西部，摩洛哥独立后改称达尔贝达。

希法国的一位高级官员弗朗索瓦·达尔朗[1]上将当时正好在附近，他下令停止抵抗。达尔朗是一个没有原则的人，他甚至允许隆美尔出钱使用法军的补给线，所以派他担任法军的指挥官将产生争议。因此，“自由法国”部队的领导者夏尔·戴高乐不赞成吉罗和达尔朗这两个人选。戴高乐的巨大优势是，他与法国国内的抵抗力量（大多数是共产主义者）关系良好。后来，达尔朗被暗杀（这一事件非常神秘，凶手年龄不大，还没来得及开口就被迅速宣判处死了），戴高乐这才松了一口气。

尽管各种安排混乱，导致盟军错误不断，但是英美两国军队已经开始威胁隆美尔的后方。盟军还有一个好消息，法国军队（实际上是摩洛哥军队和阿尔及利亚军队）再一次加入了战斗。随着他们的部队在 1943 年 1 月攻入突尼斯，隆美尔也在此刻返回部队，重新指挥德军。此刻，丘吉尔和罗斯福在卡萨布兰卡相会，兴致十分高昂。2 月，由于美军缺乏战斗经验，导致“沙漠之狐”隆美尔在卡塞林隘口战役中故技重演。不过，盟军已经占据了压倒性的优势，并且完全掌握了制空权和制海权。随后，希特勒做了一件可笑的事情，他

① 弗朗索瓦·达尔朗（François Darlan，1881—1942），法军将领，“二战”初期任法国海军总司令，后为维希政权效力。盟军进攻法属北非时，达尔朗下令法军停止抵抗，随后遭到暗杀。

把大量德军投到了这片毫无希望的战场。5月份，他调来了25万德国士兵，其中半数成了俘虏。希特勒的行动看起来难以理解，却产生了其他的效果。因为1943年的进攻季已经过去大半，导致盟军无法在1943年进攻法国。火炬行动还产生了其他不可估量的影响。火炬行动的目的是帮助埃及的英军。如果蒙哥马利根本不打阿拉曼战役，盟军的形势可能会更好，因为隆美尔与西侧部队的联系已经受到了威胁，所以他不得已必须撤退。而且从莫斯科（甚至华盛顿）的角度看，北非战役就是一场帝国主义战争，是“二战”的小插曲。斯大林甚至会认为，为了保住英国在中东的利益，英国甚至不惜让苏联人几十万甚至上百万地死去。不过，火炬行动来自图卜鲁格的战局，而图卜鲁格的战事又起源于1940年6月墨索里尼加入“二战”。此刻，北非战场聚集了几十万士兵和几百艘战舰，而这一切都可以追溯到1939年德军对波兰的进攻。接下来，战火将烧向何方？答案是意大利，尽管美国人不喜欢这个答案。换句话说，在未来的一段时间里，在陆地上，苏联人仍将孤军奋战。

苏联反击

斯大林格勒中央广场上飘扬的苏联国旗　1943 年

阿道夫·希特勒在军事上的最后一次灵光乍现是坚持让德军守住苏联的战线。在雪地里，苏联红军已经在蛮勇的进攻中消耗了大量的资源。而且，尽管德军的战线已经在苏军的攻势下后移，但被围的德军仍然能从空中得到补给，坚守阵地。随着1941年春天的到来，一切凝固的物体又重新变成了雪泥、泥土和水流。德军的战线曲曲折折，在列宁格勒附近呈弧形深入之势，在勒热夫突出部附近又像一根指向莫斯科的长长手指。然后，战线向东南方向延伸，经过乌克兰第二大城市哈尔科夫，最后沿顿涅茨河终止于克里米亚。在1941年12月，苏军已经重新夺回了克里米亚半岛东北岸的刻赤半岛。苏德两军都蒙受了巨大的损失，德军所面临的问题尤其众多。在过去的战斗中，德军每天损失100名军官，伤亡总数达到110万人，始于1941年11月的疾病也让德军损失了60万人。此外，德军还损失了7.4万辆车，而且只有1/3的铁路更换成了德国标准的宽轨道。在如此有限的运力下，德军每天只能开出11列运送石油的火车。陆军依靠马匹运输，但问题同样严重，在严冬 18 万匹马已经死亡。

当然，德国的军事行动已经远远超出了自身的能力，而且他们的战时经济也没有做好长久作战的准备。哪里应当是经济的重点？是海军、远程重型轰炸机、战斗机还是重型坦克？如何利用已经占领的欧洲土地资源？1941 年，这些问题根本没有解决。而德国国内还在按照战前的标准生产日常消费品。例如，在巴伐利亚州南部的梅塞施密特工厂，工人还在用铝材生产民用的梯子，而英国人已经在用铝制造重量更轻、航程更远的战斗机了。不过，最重要的问题还是石油。德国依靠罗马尼亚来获得石油，否则就只能在莱比锡附近的工厂和其他炼油厂使用褐煤来提炼非常昂贵的合成油料。这一问题最终将拖垮德国。到 1945 年，德军的重型装备将无法动弹。与此相反，苏联人却能从南高加索地区获得大量石油。巴库油井出产的石油可以从里海地区的阿斯特拉罕[①]沿伏尔加河运往苏联。英国的石油供应也非常充裕。尤其在非洲和远东的战役中，英国从伊朗获得了大量的石油。1942 年，希特勒认为他必须把这些石油抢过来，他说过，没有这些石油，德国就会输掉战争。实际上，1942 年正是希特勒能够在这方面有所作为的最后一个时机。到了 1943 年，英军的轰炸（尽

① 位于俄罗斯南部伏尔加河与里海的交汇处。

管在当时还没有明显的效果）将给德军带来巨大的威胁。为了保护德国的城市，德国空军将不得不撤离东线战场。德国空军本来就是20世纪30年代的速生产物，现在早已不堪重负。现在的德国空军既没有足够的战斗机，也没有适用的轰炸机。从1942年6月开始，德军又在策划一次大规模的行动——蓝色行动（Case Blue）[1]。这是一场赌博，不过就像过去多次发生的那样，希特勒的敌人们又为他提供了巨大的帮助。

苏联红军阻止了德军攻入莫斯科的胜利让斯大林颇为得意。他的心情一时间非常愉快，他拒绝离开莫斯科，还计划在红场举行庆祝十月革命35周年的阅兵仪式，而德军就在不远处。斯大林认为德军就要完蛋了。他们毕竟已经败退了上百千米，在南面丢了罗斯托夫，在北面丢了列宁格勒以东的季赫温，那里有重要的铁路线，可以让列宁格勒获得补给。在附近地区，人们都在想办法为列宁格勒这座饱受打击的孤城解围，因为仅有的补给行动是通过拉多加冰冻的湖面进行的。列宁格勒刚刚度过了一个难挨的冬天，几十万人在寒冷和饥饿中殒命。这条穿越冰湖又微不足道的补给线本来就无法供应城市所需，同时却还要用来疏散列宁格勒的工业设备，这些设备对苏联的战时经济至关重要。

① 1942年德国国防军在苏联南部的战略性进攻，是巴巴罗萨行动的延续。

从1942年1月到6月，德军在列宁格勒和沃尔霍夫[①]的集团军群正在希特勒的命令下蠢蠢欲动。德军没有能够对抗苏军T-34中型坦克的武器，这种坦克能在冰冻的沼泽上行进。德军暂时后退，等到天气好转后，德军再次对苏军突破防线的位置发起进攻，并且把苏军封在了一个“口袋”里。此时，苏军的阵地沼泽遍地，蚊虫肆虐。他们的指挥官安德烈·弗拉索夫本来是一位很有能力的将领，但直到最后一刻才被调来指挥部队。他的到来对形势毫无益处，弗拉索夫只能在一片混乱中枯坐泥潭。到了6月25日，弗拉索夫已经损失了6万名士兵。最后，他自己也被德国人俘虏。后来，弗拉索夫为德国法西斯效力，推动苏联解放运动[②]，战后被苏联处死。

苏军在克里米亚面临着更大的灾难。位于克里米亚半岛西海岸的海军要塞塞瓦斯托波尔被围，驻扎在东海岸的苏联红军要为塞瓦斯托波尔解围。结果，从2月到4月，苏军拙劣的指挥造成了巨大的损失，德军掌握了制空权，把苏军的供给船炸得一塌糊涂。5月8日，克里米亚的德国陆军第十一集团军指挥官埃里希·冯·曼施坦因发起了一次精心准备的战

① 列宁格勒东部城市。

② 1942年，弗拉索夫被德军俘虏，1944年，希特勒会见弗拉索夫，允许他组建军队反对苏联。1945年弗拉索夫成立“俄罗斯解放军”，后向美军投降，被遣送回苏联。经苏联最高军事法庭判决，弗拉索夫被判死刑。

役来肃清刻赤半岛上的苏军。这意味着两军将正面交锋，德军的巧妙布置使苏军的主力放错了位置，随后全部被俘。这一仗，德军俘虏了17万人，缴获了258辆坦克和1 100门火炮。1942年6月，在持续一个月的军事行动中，德军进一步攻取了已经成为瓦砾的塞瓦斯托波尔，俘虏了9.5万名士兵。塞瓦斯托波尔失守和英军丢掉图卜鲁格发生在同一天。可是，最糟糕的事情还在后面。

东部战线有很多水面宽阔、绵延千里的大河。第聂伯河的河道在基辅一带向东南方偏折，然后拐了一个大弯注入黑海。北顿涅茨河流经哈尔科夫，然后注入顿涅茨河，接着河道也向东南方拐了一个大弯。顿河也是这样，河道向东南方向拐弯后，在罗斯托夫处注入亚速海。再往西就是伟大的伏尔加河，它最终注入了蕴藏丰富石油的里海。在1月的进攻中，苏联红军已经在顿涅茨河对岸的伊久姆建立了一处桥头堡，哈尔科夫和连通它的铁路距离顿涅茨河只有65千米远。如果要展开蓝色行动，就需要清理伊久姆突出部的苏军。让形势变得更为复杂的是，在3月，苏军又在伊久姆以北的顿涅茨河沿岸建立了另一处桥头堡，不过规模较小。斯大林催促他的前线指挥官谢苗·铁木辛哥展开一项大规模的攻势。于是，铁木辛哥率领54万人、1 200辆坦克、1万门火炮和900架飞机在伊久姆突出部的最前端继续向前进攻。他们的目标是“夺取第聂伯河沿岸的重要交叉点”，那里位于哈尔科夫西南方约200千米处。对此攻势，德军做了大胆的回应，放手让铁木辛哥向前推进。随后，克莱斯特的装甲集团军在整整一个航空联队（500架飞机）的配合下，出其不意地在苏军的大后方向苏军发起了攻击。铁木辛哥减缓了对哈尔科夫的攻势，在5月22日至23日被德军包围。5月26日，苏军油料消耗殆尽，只能投降。在这次战役中，苏军损失了22个师、15个坦克旅、7个骑兵师，丢掉了540架飞机、1 200辆坦克和2 000门火炮，被俘24万人。此后，德军对北部的苏军桥头堡（沃尔昌斯克）也进行了攻击，在6月15日之前俘虏了2.1万人。现在轮到德军在大草原上发起进攻了。这一次，德军在坦克数量上建立了6 ∶ 1的优势，而在不久前，苏军坦克的数量还是德军的3倍。6月28日，蓝色行动在顿河沿岸继续展开。苏军在沃罗涅日建有一座桥头堡，令德军将领博克倍感威胁。如果不清理掉它，苏军就有可能袭击德军的侧翼。希特勒只希望博克大步深入，越快越好，于是双方爆发了争吵。实际上，苏军已经吸取了教训，只管向后撤退，一边撤，一边在后方屯集兵力。到7月7日，苏军在德军的攻势下已经进行了多次撤退。对德军来说，真正的问题是机动兵力的缺乏，毕竟在油料短缺的情况下，部队的行动已经非常不易。

此时，在希特勒设在乌克兰文尼察[①]的指挥部，德军内部的争吵已经达到了白热化的程度。在空调的运转声和蚊虫的嗡嗡声中，速记员把指挥部里每个人所说的每句话都记录下来，以便将来查证，这不利于建立作战行动所需要的信任。不过，既然苏军没有做出多少抵抗，德军于是兵分两路，A 集团军群进攻高加索地区，获取石油。B 集团军群在伏尔加河下游、A 集团军左群翼提供防御。作为先锋部队，德军第六集团军抵达顿河最东端，并于 8 月中旬渡过顿河，来到一处狭窄的大陆桥，前方就是伏尔加河。

伏尔加河下游的主要城市是斯大林格勒[②]。这是一座老城，在五年计划中发展成一座现代工业城市。而且，与同一类型的城市一样，城市名也换为了更具革命色彩的名称。苏联红军在斯大林格勒备战，并以城市名称组建了新的集团军。这个集团军有 20 万人，配备了 400 辆坦克，拥有超过 2 000 门火炮和 454 架飞机。斯大林格勒已经做好了战斗的准备，牲畜和工业设备已经转移到了伏尔加河东岸。7 月 23 日，德军攻陷罗斯托夫。斯大林先前认为德军真正的威胁在莫斯科，现在才开始摸清眼前的形势。德军计划把机械化部队调往里海

---

① 乌克兰中西部城市。

② 即今天的伏尔加格勒。

北岸的阿斯特拉罕市，但油料短缺的问题仍然没有解决。B 集团军群已经用自己的卡车把 1 500 吨油料运送给了顿河前线，其第六集团军因为油料短缺停顿了一个星期。此外，德军的兵力继续分散，一些战斗力很强的部队被调往西部，以防苏军在那里开辟第二战场，使自己腹背受敌。德军指挥官曼施坦因被调至列宁格勒。先前，德军计划联合芬兰军队紧密包围列宁格勒，此时尚未实现。在随后的几个月里，由于德军将重兵投入了南部战场，因此他们对列宁格勒的攻势无法正常展开。在南部，苏军展开了猛烈的攻势，但由于苏军最终失败，人们普遍低估了苏军在这里的影响。对此，一位独具慧眼的美国历史学家戴维·格兰斯[①]做了详尽的分析。这一次战役突显了德军将领瓦尔特·莫德尔[②]的指挥能力，他守住了位于勒热夫和格扎茨克一带的阵地。这处阵地距离莫斯科不远，从 1942 年春季起就一直稳定地处在德军的控制之下。不过，苏联游击队对德军的威胁日趋严重，德军连挖土豆也要派军队守护。在中央集团军群附近，游击队每天发起的袭击有 5 至 6 次。

这就是苏联在 1942 年经历的危机。此时，苏联已经丢

---

① 戴维·格兰斯（David Glantz，1942— ），美国军事历史学家。

② 瓦尔特·莫德尔（Walter Model，1891—1945），德军将领，擅长防御作战，1944 年晋升为陆军元帅。

掉了超过 1/3 的工业；2/5 的人口留在了德国占领区；顿涅茨盆地原来供应着全苏联 57% 的煤炭，现在也落进了德国人的手中；苏联也损失了很多铁矿及其他矿井，这些矿石可以用来生产钢铁、铜、水银、锡、铅、磷酸盐、石墨和碘；此外，苏军士气不振，比如，苏军在顿河南部所建立的临时防线在罗斯托夫陷落后随即土崩瓦解。攻下罗斯托夫后，德军加速推进，到了 7 月下旬，德军已经跨过了欧亚界河——马内奇河。德军 A 集团军群计划沿黑海海岸直达巴统，封锁苏军海军基地。不过，德军这样做也是为了夺取阿迪格地区的首府——石油城市迈科普和那里的油井（德军预计，当地人会与德国人合作，而且苏联红军会继续溃散。随后，从 7 月 1 日到 8 月 10 日，德军 A 集团军群共俘虏了 30.9 万人）。在滑翔机的配合下，罗马尼亚军和德军联手清除了驻扎在亚速海出海口东岸塔曼半岛的苏联守军，并最终进入了新罗西斯克港（他们在这里和库班桥头堡固守了大约一年，这是德军最后一次像样的胜利）。8 月 9 日，德军攻克迈科普。不过，穿越高加索山脉的道路只有 4 条，而且只有骡子可以通过，就连野战厨房也得停在后面，唯一可以使用的车辆是半履带摩托车。8 月 22 日，德军熟悉山地作战的部队把德国国旗插在了厄尔布鲁士山[①]上。此时，德军距离黑海沿岸城市苏呼米只有40千米。他们远离了自己的基地，光运粮就需要一个星期，而且骡子只有2 000头。在德军指挥部，众人对德军是否过于谨慎的争论达到了顶点。与此同时，在油井并不多的迈科普，6 500名技术人员到达了这里，期望能开采出350万吨石油。然而，他们遭到了游击队的袭击，油井也已无法使用（德军只得到50桶石油，机智的游击队员成功地炸掉了工程师的驻地）。德国人被困住了。希特勒勃然大怒，甚至停止了社交活动。他意识到，他已经无法实现1942年的作战目标。8月，德军损失了20万名士兵，而且只能补充一半的人马。

到7月24日，德军对顿河东岸地区的攻势进展顺利，逼近卡拉奇[②]。7月30日，霍特的第四装甲集团军和一个罗马尼亚军团并入了B集团军群，因为第六集团军（指挥官是弗里德里希·保卢斯）步兵很少，无法攻打斯大林格勒。当时的天气非常炎热，部队在干旱的草原上行进，饮水供应十分紧张。8月7日，德军在进军卡拉奇的战争中迅速取得了胜利，俘虏苏军5.7万人，缴获1 000辆坦克、750门火炮和650架飞机。但是苏军争取了时间。8月24日，霍特的装甲集团军从南部

① 北高加索山脉主峰。

② 位于斯大林格勒西北约320千米处。

北上，苏军的抵抗逐渐减弱。到了 9 月上旬，德军已经逼近斯大林格勒近郊。显然，德军将在这里遭遇顽强的抵抗。

8 月 26 日，朱可夫被任命为斯大林格勒方面军的指挥官。他说服斯大林，不与德军正面交战，只进行局部的抵抗。随即，朱可夫开始花费两个月准备一项大规模的反击行动，目标指向战斗力稍弱的德军和罗马尼亚军一翼。这么做是正确的。这段 800 千米长的顿河沿线兵力空虚，轴心国部队的战斗力也不太可靠。匈牙利军队反坦克炮威力弱，意大利军队则刚刚跋涉了近 1 000 千米，只有罗马尼亚军具有一定的战斗力。朱可夫飞赴莫斯科向斯大林报告作战计划的当天，保卢斯也在文尼察面见了希特勒，接受他乐观的鼓励（尽管喝水也成了问题）。9 月 10 日，德军的装甲集团军到达了斯大林格勒以南的伏尔加河沿岸。13 日，德军攻占了位于斯大林格勒北部的火车站。随后，战斗的形式发生了很大的改变，德军开始与苏军争夺每一间房屋和每一处街垒，很多场战斗都写入了历史，拍成了电影。保卢斯向希特勒报告，自己的部队非常疲惫，但希特勒 10 月 6 日宣布，拿下斯大林格勒是集团军群的主要任务。当时，德军指挥部可能发生了一场争论。尽管斯大林格勒已经被毁，但是在即将来临的冬季，这座城市所能为部队提供的保护仍然要好过大草原。而且空军元帅戈林夸下海口，说德国空军将提供空运支援。但是，德军的食物供应并不稳定，运输线也很脆弱。德军只有 3 条经过改造的单线铁路通向 2 400 千米之外的德国。而在德国，火车站里已经拥堵了几百列火车。第六集团军平均每次需要 8~10 列火车运送物资，可运到的只有 4 列。此外，道路泥泞，通行不畅，等待运送给部队的物资堆积如山。战马成群死去。然而，此时的希特勒已经完全沉浸在了自己的宣传当中，他甚至说，在 9 月 30 日，最艰难的日子已经过去，斯大林格勒很快就将陷落。随后，各种命令如雪片般飞出德军的指挥部。到 10 月中旬，德军确实抵达了伏尔加河沿岸，将苏联守军一分为二，但是对每一间房屋的争夺使德军疲惫不堪，而且大规模的空中和炮火支援没有想象中那么有效。第六集团军继续向前推进，攻打兵工厂和冶金厂，但是在 17 日遭遇了失败。

朱可夫在顿河桥头堡地带（克列茨卡亚和博利绍伊）的反攻经过了周密的准备，苏军甚至计划夺取罗斯托夫，进而围困北高加索地区的德军 A 集团军群。苏军严守秘密，部队在夜间行动。在 20 天里，苏军向伏尔加河对岸秘密运送了 16 万名士兵、1 万匹马、430 辆坦克和 6 000 门火炮。苏军把部队从前线撤下来进行休整，训练，组成预备队。防守顿河前线的德军仆从罗马尼亚军，只有一些缴获的杂七杂八的火炮，他们唯一的预备队是一个几乎没有马的骑兵师。而且，他们的每个师都要防守大约 20 千米的地带，在战术上是非常不利的。在必要的时候，他们甚至还得接管意大利军负责的一部分防线。在南面，罗马尼亚军的布防更加糟糕，10 万人分别部署在 240 千米的阵线上，其中的一部分阵线还在苏军的观察范围内。他们只装备了 34 门 75 毫米反坦克炮，地雷也只部署了所需的 1/6。然而，尽管希特勒担心顿河防线，他和德国陆军参谋长弗朗茨·哈尔德似乎都认为苏军的战斗力已经大为削减。德军的情报工作非常薄弱，希特勒也于 11 月 7 日从文尼察经慕尼黑和希特勒在巴伐利亚阿尔卑斯山区的住所贝格霍夫回到了位于德国东普鲁士拉斯滕堡的“狼穴”[①]，这里是他的东部前线指挥所。这一年的大事件正在展开。11 月 8 日，正当隆美尔兵败阿拉曼时，希特勒在慕尼黑的纳粹党建党纪念大会上发表了讲话（几乎是希特勒最后一次公开讲话），你可以听出，希特勒正力图恢复他往日的权威。他宣布，斯大林格勒实际上已经被德军攻占。然而，仅仅 10 天之后，他所说的话就成了一个笑话。

可是，德国人还不知道接下来会发生什么。直到苏军的反攻打响，苏军的大批坦克仍然没有显露出自己的踪迹。然而，在 11 月 19 日，苏军 30 个师突然袭击了罗马尼亚第三集团军。由于缺少油料，罗马尼亚军队只能把一动不动的坦克

① 狼穴（the Wolf's Lair）为希特勒东部战线的首个司令部，因他喜欢自称狼而得名。

当作掩护，老鼠咬断了电线，坦克甚至无法开火。苏军突破防线，向南、东南和西南方向推进，到达了德军第六集团军后方 30 余千米处。第二天，苏军从斯大林格勒以南的伏尔加河河滩发起了新的攻势，攻击了另一支罗马尼亚军队。随后，两支苏军发动钳形合围，直指驻守在顿河沿岸的卡拉奇的德军。此时，德军的装甲部队不仅缺少油料，而且只有约 80 辆坦克，最多只是一个装甲团的规模。此外，由于天气原因，德军的第四航空队也无法起飞。11 月 21 日，北部的苏军部队攻入了德军第六集团军的指挥部，德军指挥官抛弃所有，仓皇逃窜。还是由于缺少油料，顿河西岸的两个德军师无法动弹。保卢斯知道这样不行，不能依靠空中补给来打阵地防御战，于是准备实施突围。然而，希特勒却不同意他们突围，尽管集团军群司令已经警告过他，援兵（位于斯大林格勒西南方 110 千米的科捷利尼科沃）到 12 月 10 日才能赶到。德国空军元帅沃尔夫冈·冯·里希特霍芬说，指望空军运送补给是完全不可能的。

德军最高统帅部也是一片混乱。希特勒不在指挥部，其他人在萨尔茨堡。新任陆军参谋长库尔特·蔡茨勒在拉斯滕堡（为了让希特勒了解在斯大林格勒战斗的士兵正在承受多么大的痛苦，他和那里的士兵按同一伙食标准吃饭，在两个星期里瘦了 25 斤）。希望在于，德军现在拥有新型的虎式坦克，如果能像去年冬天那样抵挡住苏军的围困，那么一切问题都将迎刃而解。此时，曼施坦因开始担任新组建的顿河集团军群指挥官。但是，希特勒只交给他 12 个师，数量远远不够，无法完成作战任务。而且，他的飞机只有 179 架，只够执行例行任务。曼施坦因的部队在 3 天里前进了 30 多千米后，到 12 月 19 日已经无力再发起新的攻势。此时，德军在斯大林格勒最艰难的时刻开始了。尽管戈林已经承诺通过飞机运送补给，但是补给数量始终不足，并且逐渐减少。这是因为，德国空军的基础设施（比如冬季防护、气象站和修理厂）都不在斯大林格勒，而且苏军经常把七拼八凑的德军飞机（包括教练机）打下来，这都令德军飞行员惶惶不安。德军每天消耗 132 吨弹药，但是飞机每天所运送的弹药只有 60 吨出头。过了 12 月 2 日，这一数字进一步下降到了 53 吨。此外，德军只有 1/10 的油料能够运达前线，马匹也因缺少草料而死亡。德军士兵每天只能得到 310 克面包、110 克肉类（包括马肉）和 30 克脂肪类食物。到了 16 日，气温下降到了零下 30℃，士兵每天只能吃到马肉汤和两片面包。保卢斯说，食物供给只能维持到 12 月 18 日。在 12 月 18 日到 21 日，德国空军运送了近 500 吨的食物，但这些食物挤占了弹药的运输量。21 日，保卢斯第一次向希特勒报告了因饥饿致死的人数。德军的油料只够行军十几千米，已经没有了突围的希望。与此同时，苏军却积蓄力量，在顿河沿线击溃了一支意大利军队（12月19日），使德军第四航空队把力量分散在了顿河沿线。随后，德军一处机场被苏军占领，德军失去了70架飞机连同所有的补给。到1943年1月12日，德国空军每天只能运送110吨补给，这些物资甚至显得于事无补，因为德军所需的弹药只运到了2%。到了1月14日，包围圈进一步缩小到了原来的1/3，德军的主要机场（皮托尼克）也被苏军攻占。因为失去了所有的飞机，航路被切断，恐慌开始在德军士兵中蔓延。不过，在1月25日，德国人还是顽强地在所剩的最高的建筑上插了一面纳粹万字旗，就连保卢斯也开始求助于“疯狂的意志力”。到了1月28日，负伤的士兵和没有武器的士兵没有分到任何食物。当德国空军空投补给的时候，补给常常会落到苏联人的手里。终于，设在百货商场内的德军指挥部表示投降。随后，驻守在北部拖拉机厂内的德军也宣布投降。

朱可夫的意图是在德军A集团军群撤出北高加索地区前将其围困。在任何情况下，这一大规模的撤退都是极难成功的。希特勒希望德军至少能守住迈科普，但他真正想要实现的是守住罗斯托夫，同时重组包括克莱斯特第一装甲集团军在内的顿河集团军群。[1] 现在，这两支部队都必须向后撤

---

① 2月初，德军将B集团军群与顿河集团军群合并，组成了新的南方集团军群。

退。他们试图撤出自己的重型装备，但是没能完全实现。此外，德军在后撤中还实施了“焦土政策”。这两支德军部队的 20 个师（40 万人）即将退至亚速海南岸的塔曼半岛。截至 2 月上旬，撤退已经基本完成。他们在冰天雪地里撤退了大约 500 多千米，途中也没有飞机进行掩护。撤出的部队经由克里米亚半岛与曼施坦因会合，进入了顿河中部防线。先前，马克西米连·冯·魏克斯所指挥的德军 B 集团军群防守着 320 千米长的战线，斯大林格勒内的德军投降后，他们几乎派不出部队来保护曼施坦因的北翼。德军放弃了沃罗涅日桥头堡，但不放弃顿涅茨盆地。因为，如果失去了顿涅茨盆地的资源，德军的新型坦克计划就将无以为继。1 月底，曼施坦因西侧所面临的威胁十分严重，于是，他从东部战线抽调了快速机动部队来加强哈尔科夫的防御。当时，苏军已经于 2 月初攻占了西部的库尔斯克[①]，并且对南部 160 千米处的哈尔科夫形成了威胁。希特勒已经调来了党卫军装甲部队，但是直到 2 月 9 日，德军的总体形势依然严峻。随着别尔哥罗德和伊久姆相继陷落，党卫军装甲部队指挥官违抗了希特勒的军令，以便使部队逃出苏军的钳形包围。2 月 16 日，党卫军装甲部队从哈尔科夫撤退。

---

① 位于俄罗斯西部，毗邻乌克兰。

希特勒通常只命令他的将军们死守，但是这一次，形势非常危急，曼施坦因必须灵活应对。在第聂伯河一线，德军的两个集团军群之间拉开了一个巨大的空隙，而苏军正来势汹汹，他们重新夺回了哈尔科夫，此时正高歌猛进，把补给线远远地甩在了身后。曼施坦因对撤回到塔曼半岛的德军进行了重组，党卫军增援部队也赶来会合。但是，苏军却把德军的这些调动判断为撤退。随后，在充分的准备后，德国第一装甲集团军（抽调自克里米亚半岛）向西北方向攻打了苏军的侧翼和后方，德军不但夺回了哈尔科夫，而且在 3 月上旬重新恢复了顿涅茨防线。在这期间，第四航空队的近千架飞机每天出动飞机 1 000 架次，非常高效。此时的战场形势很像 1942 年 5 月时的情形。哈尔科夫的再度易手也证明，只要组织得当，德军仍然拥有强大的战斗力。随后，德军再一次攻占了顿涅茨河沿岸的别尔哥罗德地区。

在北部和中部战场，双方的战斗也仍然在继续。在拉多加湖南岸的施吕瑟尔堡，德军继续威胁剩余的列宁格勒补给线。这里时常爆发小规模的斯大林格勒式的战斗，其残酷性严峻地考验着双方将士的毅力。不过最重要的是，苏军在 1943 年 1 月突破了德军对列宁格勒的封锁。此时，苏联人已经在拉多加湖架设了输油管道，低温使湖面冻结，可以作为道路使用。在夏季，列宁格勒东部的苏军沃尔霍夫前线是一片泽国。苏联红军对施吕瑟尔堡附近的狭长地带展开了进攻，而德军则固守拉多加湖南岸一线，把即将解围列宁格勒的苏军挡在东侧。该部德军遭到围困，但希特勒不允许他们撤退。德军北方集团军群已经没有了预备队，因为它的南翼也发生了战斗。那里是狭长的德米扬斯克突出部，从早先进攻莫斯科开始，这里就一直处在德军控制之下，并对雷宾斯克①形成威胁。雷宾斯克有一座巨大的水库，负责为莫斯科供水。随后，德军放弃了已经暴露的杰米扬斯克阵地，不过，他们在地域更为广阔的勒热夫阵地坚守了两个月。在列宁格勒被围506天后，苏军终于开辟了一条通往列宁格勒的路上交通线，尽管它只有13千米，而且贯穿其中的部分铁路线还处在德军炮火的覆盖下。东部前线再一次陷入了僵局。假如盟军早一年在法国登陆，而不是等到1944年，那么盟军是否也能早一年胜券在握呢？

① 俄罗斯欧洲部分中部城市。1945年至1957年称谢尔巴科夫。

狂热与憎恨，混乱与延误

中途岛战役，美国约克镇号航母被鱼雷击中

第三帝国的最终灭亡已经变得清晰起来。受困于斯大林格勒的德军有2/3战死，剩下的9万俘虏在冰天雪地中被关进了食不果腹的集中营。德国人，尤其是中央集团军群的军官，考虑干掉希特勒，有一两次差点成功。不过到了现在，战争的滚滚车轮已经无法停止，德国民众已经走火入魔。希特勒最不想听到的就是“和平”二字，很多德国人因为质疑“最终的胜利”而被处决。在这样的情况下，西线盟军将如何应对呢？1943年3月，就在保卢斯于斯大林格勒投降前后，丘吉尔和罗斯福在卡萨布兰卡进行了会面。此刻，他们必须计划如何与刚刚取得胜利的苏联红军进行合作。斯大林一直希望尽快开辟第二战场，他对丘吉尔的一再推诿表示很不满意。终于，在1942年8月的莫斯科，年迈的丘吉尔终于按捺不住，对斯大林激动地表示，当时英国根本没有多少陆军，为什么希特勒没有在敦刻尔克大撤退后入侵不列颠群岛？原因就在于，跨越海峡实施两栖登陆作战是非常困难的。在英国历史上，自从1066年的黑斯廷斯战役之后，英国只被入侵过一次。

那是在1688年，荷兰执政奥兰治亲王威廉攻入英国。不过，威廉之所以能成功，很大程度上是因为英国已经发生政变，反对国王的一方站在了威廉的一边。此外，英国也很少入侵西欧，有的入侵类似闹剧，比如1809年，英军远征瓦尔赫伦岛[①]。

尽管如此，斯大林还是对的。盟军本可以在1943年实施登陆。而且美国人（尤其是诚实正直而又见解深刻的乔治·马歇尔[②]）也这么认为。但是在卡萨布兰卡，盟军还没有做好准备。英国在军事方面占据上风，他们不仅拥有丰富的战斗经验，能够摆出事实和数据，而且口才也技高一筹，最终说服了美国人。如果能迅速拿下突尼斯，盟军还有时间发起跨越英吉利海峡的战斗。然而，盟军在突尼斯的战事并不顺利，直到5月中旬才肃清了占据突尼斯的德军。于是，一支大部队连同所需的一切物资就这样部署在了意大利南部的北非海岸。英国人（或者说大多数英国人）更倾向于入侵西西里岛，而美国人（或者说大多数美国人）更倾向于进攻其他地点。不过，英国人最终赢得了这场争论，这一点确定了未来战争的

---

① 位于荷兰泽兰省斯海尔德河口。

② 乔治·卡特利特·马歇尔（George C. Marshall，1880—1959），美国军事家、政治家、外交家，1944年晋升为陆军五星上将，曾任美国国务卿（1947—1949）和国防部长（1950—1951），他提出马歇尔计划，使欧洲经济得到迅速恢复，并因此于1953年获得诺贝尔和平奖。

走向。

事实上，大多数英国人都极力避免西线再次发生战斗，1916 年和 1940 年的战斗令他们心惊胆战。由于多次被德国陆军击败，英国人知道自己的优势并不在陆地，而是在空中和海洋。英国在飞机制造方面已经超越了德国，而且英国人对自己实施空中轰炸的能力充满了信心，他们甚至建立了全世界第一个负责实施战略轰炸的机构——轰炸机司令部。奇怪的是，这一信心却使西线的战事呈现出了 1916 年时的特征——一次行动失败后，参战国投入更大的力量进行第二次行动，再次遭遇失败后，参战国继续投入更大的力量进行第三次行动。空战在英国的战时经济中占据了显著的位置。一架轰炸机包含 50 万个部件，需要精密的制造和精细的保养。英国将 1/3 的战时经济投入各种飞机的设计和制造当中，独创性的发明和改进使轰炸机的作战效率比 1941 年显著提升。在英国，很少有人反对利用轰炸机发动进攻，但在很长一段时间里，英国人只考虑用轰炸机来回击挑起战事的德国人。

到 1945 年，仰头望天的中欧民众已经习惯了有时多达几百架飞机掠过头顶，这些银白色的轰炸机满载了用来摧毁城市和村镇的燃烧弹和高爆炸弹。不过，这种轰炸行动在 1942 年和 1943 年就已经开始了。德国空军在设计之初就是用来协助地面部队作战的，而且他们已经在波兰战役和随后的荷兰战役中造成了毁灭性的破坏，尤其是对鹿特丹的轰炸，以此来保护德军自身。在轰炸军事目标的过程中，出错是无法避免的，于是就产生了“附带损害”。德国空军在轰炸英国的行动中就犯过类似的错误，导致英国皇家空军进行了反击。过后，希特勒也对英国实施了反击。德国人在报纸上发布了一条夸大其词的新闻，宣布他们已经在 24 小时内向伦敦投下了超过 90 万吨的炸弹。德国空军对英国的轰炸一直持续到 1941 年的春天。作为反击，英国皇家空军在 1940 年 12 月 16 日空袭了德国城市曼海姆，来制造恐慌情绪。英国表示，这次行动是为了报复德国在 1940 年 9 月和 11 月对南安普敦港和考文垂所进行的轰炸。不过，这次行动只造成了轻微的破坏，不仅轰炸机迷失了方向，而且投弹本身毫无精确性可言。在随后的 1942 年 4 月，英国人找到了更容易攻击的目标，他们竟然空袭了历史悠久、风景如画的森林小城吕贝克[①]。于是，英国正式宣布，之所以采取这样的做法，是为了“集中力量打击敌国民众，尤其是工人的士气”。在对莱茵兰地区主要城市科隆进行的“千机轰炸”行动中，英国皇家空军运用了新战术，毁坏了 1.2 万幢房屋，但是只造成 400 人丧生。

① 位于德国北部石勒苏益格–荷尔斯泰因州。

英军负责空袭行动的指挥官是空军元帅亚瑟·哈里斯[①]，他是1943年英国皇家空军轰炸机司令部司令，人称“轰炸机哈里斯”。哈里斯十分专注于任务，而且冷酷无情。他确信，如果轰炸城市没能直接让战争取得胜利，那么就是因为轰炸得不够。他反复表示，随着轰炸行动继续进行，投弹精度、训练水平越来越高，同时使用电子装置干扰雷达，运用新的战术，英国终将取得胜利。其中一项新战术是，英军先出动轰炸机寻找轰炸目标，通过投掷燃烧弹来标出目标的位置，随后赶到的轰炸机再投掷高爆炸弹来摧毁目标。1943年3月，英国皇家空军可以执行轰炸任务的重型轰炸机有669架，美国有300架。美国空军表示，在战争持续的大部分时间里，美军飞机只对军事目标实施“精确”轰炸。然而到了1943年12月，随着H2X型雷达装置（能够在恶劣天气里提供导航）的出现，美国人也开始对城市实施轰炸。此外，英国空军还试图轰炸工业目标。1943年春，在袭击鲁尔工业区的战斗中，英军飞机投下了3.4万吨的炸弹。在另一次袭击当中，英军飞机炸毁了一座水坝，使德国的钢产量下降了20万吨。在德国军备部长阿尔贝特·施佩尔眼里，英军轰炸造成的破坏极为

① 亚瑟·哈里斯（Arthur Harris，1892—1984），英国空军将领，主张轰炸机制胜论，1943年晋升为空军元帅。

严重。然而，哈里斯没有继续轰炸工业目标，转而继续轰炸城市。7 月，汉堡被毁，因为英军的轰炸导致了大火。大火过后，烧焦了的尸体阻塞了河道，2/3 的民众需要搬家。当然，飞机和新式坦克的生产也受到了影响。随后，哈里斯把轰炸的目标对准了柏林，他计划摧毁柏林，让战争在 1944 年春季结束。1943 年 10 月，他要求英国政府向公众坦白这些针对平民目标的攻击。除去一些极为看重道德的人士，大多数人都没有表示反对。哈里斯说："联合轰炸攻击的目的应当被准确无误地陈述为：摧毁德国城市，杀死德国工人，搅乱整个德国的城市生活。"哈里斯还说："需要强调的是，摧毁房屋、公共设施、交通和生命，大规模地制造难民，用长期的猛烈轰炸打击民众和前线士兵的士气，这些做法不仅是可以接受的，而且本来就是我们轰炸行动的目的。这些结果不是试图摧毁德国工厂的副产品。"对于这样的态度，乔治·奥威尔挖苦道，英国可以用"炸掉的柏林——烧焦的婴儿"来做报纸的头条。

然而，低效的狂轰滥炸很快便显现了反作用。首先，重型轰炸机的生产在英国工业中占据了过高的比例，影响了其他装备，比如登陆艇的生产。到 1944 年，英国空军的轰炸行动对德国制造能力的影响已经微乎其微，因为德国已经分散了自己的工业生产。不过在这一年里，美国仍然展开了"靶点”行动，对德国经济的关键环节实施了攻击，包括施韦因富特市的轴承厂，美军对这里的袭击吸引了德国空军出战，美军随后将其击败。不过，没有战斗机护航的轰炸机编队是非常容易受到攻击的，于是美国暂停了这项行动，直到他们能够制造远程战斗机为止。最著名的远程战斗机是 P-51 型“野马”战斗机，这种飞机的机身十分轻盈（由木材和铝制造），可以装载大量燃料，进行远程飞行。它能从英国飞到柏林，然后再返回英国。1944 年 4 月，盟军的轰炸行动停止了。为了准备 6 月的登陆作战，盟军还需要对法国北部实施轰炸，这令哈里斯非常泄气。有人质疑，轰炸行动在打击敌军士气方面作用有限。战后的英国轰炸调查显示，轰炸行动并没有达到预期的效果。这是因为，“将城镇作为单位目标进行区域攻击的基本前提（即德国经济体系已经开足马力）是错误的”。此外，盟军的空军也遭遇了巨大的损失。英国皇家空军进行了近 30 万架次的夜间起降，损失了 7 500 架飞机。在 6.7 万次日间起降中，英国皇家空军损失了 876 架飞机。盟军投下了 280 万吨炸弹，在 1944 年至 1945 年投弹最多，其中近半数来自英国皇家空军。盟军的轰炸行动一共炸死 50 万名德国人，英国在德国的空袭中死亡 60 595 人（法国在英美联军的空袭中死亡 17 078 人）。在欧洲战区，盟军空军共损失 16 万人。

实施轰炸行动的理由从来没有得到大多数人的认同，事实上也没有证明这是正确的。最后，支持这一行动的理由仅剩下了两条。其一是，轰炸显著地搅乱了德国的经济。为了保卫自己的城市，盟军必须用数不清的飞机和大炮去攻打德国，它们大量从前线返回，尤其从苏联战场。然而，如果能对兵工厂和运输系统实施精确轰炸，使德国这部战争机器无法继续运转，那么盟军的目标一样可以实现。另一条理由与德国人的道德有关。罗马尼亚犹太人利昂内尔·布洛赫在“二战”期间还是一个年轻人，后来他去了伦敦，成为一位受人尊敬的法律界人士。在 1941 年，德军在欧洲战场摧枯拉朽之时，他看见德国士兵趾高气扬，目空一切。他当时说，要想让这些德国士兵回归常识和人性，唯一的办法就是把成吨的高爆炸弹直接扔到他们的头顶上。这么做的效果无法验证，但在当时，德国人所受到的憎恶确实非常强烈。人人都恨德国人，所以哈里斯无所不用其极，即便到了 1945 年 4 月，德军已经毫无还手之力，哈里斯的轰炸机还是漫不经心地轰炸了德国的历史名城维尔茨贝格，把它变成了一片火海，英国空军还不时用重机枪扫射街道上的难民。这些灾难主要是英国人制造的。不过，在 1943 年，他们仍然主导着盟军整体战略的制定，也就是说，盟军接下来的目标是地中海。

在当时的形势下，富兰克林·罗斯福正承受着来自参谋长们的压力，他们主张美国把战略中心放在太平洋地区。多亏了罗斯福，美国才确定了先德国后日本的策略。当时，反日的公共舆论甚嚣尘上，无辜的日裔美国人举家遭到逮捕，并被驱逐到远离加利福尼亚海岸的集中营里。美国丢掉菲律宾后，美菲战俘所遭受的残酷对待在很短的时间里就传遍美国，人人都要求实施报复。此外，强大的日本海军和空军占据了太平洋地区的大片陆地，直逼印度和澳大利亚，给人大难临头的感觉。尽管美国把与德国的战斗放在了首要的位置，但是美国在太平洋战场也倾注了极大的力量，尤其是在海军的建设方面。盟军严重缺乏登陆艇，这是因为，英国已经把精力集中在轰炸机的生产上，而美国则专心造船，以便弥补德国潜艇给盟军造成的损失。此外，美国还倾注了极大的力量修建航空母舰。在珍珠港遇袭后，美国开始建造潜艇和 13 艘航空母舰。最后，美国在航空母舰的数量上形成了压倒性的优势，于是美国海军才能抵挡住日军的进攻，并随后把战线推向日本本土。菲律宾陷落后，美国陆军遭受了沉重的打击。但是，美国能破译日本的大部分通信密码。当日本海军到达珊瑚海[①]时，美国海军已在他们东北方 800 千米外的海域严阵以待。1942 年 5 月初，珊瑚海海战爆发。这是有史以来作战双方互相看不到对方的第一次大海战，也是航空母舰的

① 位于太平洋西南部，又称所罗门海。

首次对决。战斗结束后，双方各损失了一艘航空母舰，日本海军撤退。

在随后的6月，美日两国海军进行了决定性的战役——中途岛海战。日本联合舰队司令山本五十六非常了解美国，他完全明白，日本的对手是一个巨人。他想及早攻击美国海军，摧毁美军剩余的航空母舰。于是，山本五十六派出了一支庞大的舰队，吸引美国海军在太平洋中部决战。首先，日本派出一部分舰只对阿留申群岛实施佯攻，主力则准备攻击中途岛环礁。不过，由于美军破译了日军的通信密码，掌握了日军的行动计划，于是他们把舰队悄悄地开到了日军的攻击区域以外。6月4日，日军展开了猛烈的进攻，密集轰炸了美军设在中途岛的空军基地，但这次行动并不坚决。美军多次反击，全部失败，于是日军认为自己非常安全。在美军的反击当中，从中途岛起飞的轰炸机编队没有命中目标。随后，从航空母舰起飞的鱼雷轰炸机编队被日本零式战斗机击退，因为在施放鱼雷的过程中，轰炸机必须面对目标直线飞行相当长的距离。这时，日本海军指挥官开始犹豫是继续进攻中途岛，还是搜索美国军舰，再实施攻击。随后，他命令继续轰炸中途岛，但侦察机不久后发现美国舰队，于是他再次下令攻击美国舰队。由于不断改变命令，航空母舰上的战斗机不得不卸下鱼雷、装上炸弹，然后再卸下炸弹、装鱼雷。甲板上一片混乱，摆满了油料和弹药。就在这时，美军的飞机编队飞临了日军航母的上空，这一次是俯冲式轰炸机。战斗中，日本海军的4艘航空母舰全被击沉。这是有史以来最快速，也最具决定意义的一次战斗。不到5分钟，日本海军对美国海军的巨大优势就丧失殆尽，两国航母开始在数量上势均力敌。此时，山本五十六还有一支巨大的预备队，他判断美军会乘胜追击，但是美军没有这样做。从此以后，美国对日作战就分成了两部分，一部分是身在澳大利亚的麦克阿瑟上将，他要攻打比法国领土还要广大的新几内亚岛（打了一年多）；另一部分是海军上将切斯特·尼米兹[①]率领的部署在太平洋中部的美国海军，他们要攻占很多难以攻克的海岛。

美国和日本的另一次大战发生在瓜达尔卡纳尔岛。瓜达尔卡纳尔岛是所罗门群岛中的一个岛屿，位于新几内亚岛东侧，日本正在那里修建一个大型的空军基地。1942年8月，1.6万名美国海军陆战队士兵在该岛成功登陆。然而，在随后的6个月里，日军不断增兵，派遣飞机，两军的补给船队还在大海里多次战斗。双方的损失都不小，但是日本最终熬不下去了。1943年2月，美国人赢得了战争，随后在6月开始进行

① 切斯特·尼米兹（Chester Nimitz，1885—1966），美国海军将领，1944年晋升为海军五星上将。

越岛作战[①]，以便孤立设在拉包尔的日军基地。美军在进攻中做了很多大胆的尝试，但是日军的抵抗非常顽强。在打到东京之前，美军将付出漫长的艰苦努力。

英国在印度的军队也将经历类似的煎熬。1942 年，日军进攻缅甸，英军从缅甸撤退至印度边境，其间经历了一段穿越潮湿丛林的可怕旅程。在印度的英军实际上没有做好打世界大战的准备，他们的主要目的是保证印度的国内安全。而印度的民族主义者则利用英军的这一“尴尬”境地努力让英国人“退出印度”（他们的口号）。不过，英国人很快就恢复了秩序，而印度军队也继续忠诚于英国皇室，在包括中东在内的各个战区作战。然而，英军在缅甸的失利在孟加拉国引发了连锁反应，导致那里的航运和大米进口出现了严重的问题。而且，丘吉尔优先供应军粮，忽视民众需求，使孟加拉国发生了严重的饥荒，饿死了 300 万人。缅甸战区意义重大，它是通向中国的陆上通道。随着日本试图扩大对中国的占领，美军和蒋介石的国民革命军联手开辟了这条通道。1943 年，英军试图越过缅甸边界，但是成效不大。在随后的 1944 年春季，日军尝试入侵印度，结果在补给方面遭遇了困难。8.5 万

① 越过难以攻占的岛屿，围而不打，将其困死，而非逐一夺取的战术，此举大大加快了盟军夺岛的进度。

名日军士兵有5.5万人伤亡，其中3万人死亡，大部分死于饥饿。在中国人的帮助下，英军最终打通了通往中国战时陪都重庆的道路。然而碰巧的是，日军在1944年发动了大规模的进攻，重创了中国的国民革命军。在亚洲战场，美军的越岛作战将对战争的进程起到决定性的作用。

在所有这些战场，盟军的作战都异常艰难。尽管日本军人并不清楚他们是否真的能取胜，但他们仍然顽固地死守每一处阵地，这一点着实可怕。美军需要争夺的太平洋岛屿非常多，这些岛屿相互隔离，需要从空中实施打击。要想占领菲律宾，美军首先得攻下马里亚纳群岛；而要想抵达马里亚纳群岛，美军先得打下马绍尔群岛；而要想攻打马绍尔群岛，美军还得先攻克珊瑚海外侧、瓜达尔卡纳尔岛西北方向的多个环礁。而且，这些岛屿非常难以攻克。1943年11月，美军进攻一个叫作塔拉瓦的小岛，战斗结束后，岛上的4500名日本守军全部战死。1944年6月，美军攻打菲律宾东侧的塞班岛，这里驻守着3万名日军，他们隐蔽在多个山洞里，几乎无一生还。妇女和儿童跳下悬崖，以防被美军捉到。由于决策的巨大失误，日军几乎没有为日本商船提供护航，导致1300艘商船（其中有124艘运送坦克和320名日本兵）被盟军潜艇击沉，使日军在补给方面出现了严重的困难。但是，这丝毫没有减少日军抵抗的疯狂程度。1944年6月，美军第一次抵达了日本岛屿——马里亚纳群岛。这支美军有 15 艘航空母舰，近千架作战飞机，还有数量众多的其他战舰。日军的飞机已经落后，它们成了新式雷达和高射炮的猎物，被占尽优势的美军大量消灭，潜艇也几乎被全部歼灭。在一场战斗当中，美军只损失了约 30 架飞机（不过另有 100 架因紧急迫降和燃油短缺而掉入大海），而日军则损失了 450 架飞机，且飞行员几乎全部阵亡。此外，日军还损失了剩余的全部 3 艘航母，迎来了航母舰队的末日。正如麦克阿瑟所承诺的那样，1944 年年末，他率军打回了菲律宾。这时，美军的两股力量开始逼近日本本岛。

从 1943 年开始，德军的抵抗也呈现出了类似日军的疯狂特质。对德军来说，灾难式的覆灭已经无法避免，但希特勒仍然幻想出现奇迹，使他得以挽回败局。他援引历史上曾经发生过，但并不是非常确定的事件，比如 1762 年，俄罗斯帝国女皇伊丽莎白 · 彼得罗芙娜突然病逝，而她的继任者对普鲁士军队非常敬仰，普鲁士才得以在七年战争中免遭覆灭。希特勒一心想挣扎到底，指望他的新式武器能发挥作用，比如喷气式发动机和加装了通气管的潜艇。此时，德国也在进行核裂变的研究，只是它的优先级并不高，因为有传言说，核裂变能释放出致死的射线。如果在从前，希特勒会与苏联人重新订立和约。尽管德国外交部有人秘密地联系了苏联派驻斯德哥尔摩[①]的代表，但此举并没有获得希特勒的支持。当这些人与英国取得联系时，他们仍然没有获得希特勒的支持。在随后的1944年7月，希特勒遭遇暗杀行动。这时，英国广播公司向外界透露了与英国人秘密接触的德国人的姓名。英国这么做是害怕斯大林猜测英国在背着苏联与德国交易。随后，这几名德国人遭到处决，他们的家人也被关进了集中营。此后，德国人的疯狂变本加厉。在斯大林格勒战役中被俘的一些头脑清醒的德国军官曾提议建立德国军事联盟，以便组织军队攻打希特勒，结果几乎没有获得响应。最后，当美国人解放巴登时，当地的一些村民爬到盖世太保所藏身的山上，严肃地指责德国人做无谓的疯狂抵抗。这场与德国和日本的战争将进行到极其惨烈的地步。不过此时，这样的战斗还没有打响，英美联军的主力正集结在地中海地区。他们把矛头指向了轴心国中战斗力最弱的那一个——意大利。

很明显，盟军现在已经可以让意大利退出战争了。意大利的军队已经趋于崩溃。1943年7月9日，盟军攻入西西里岛，但仗打得并不漂亮。盟军打得比较谨慎，沿着海岸线缓慢推进，只把德军逼退到了狭窄海峡的另一面、亚平宁半岛的南端。在7月下旬，意大利发生了政变，墨索里尼被赶下了台。

---

① 瑞典首都。在“二战”中，瑞典虽然宣称自己是中立国，但对德国提供了很多帮助。

意大利国王维托里奥·埃马努埃莱三世[①]派忠于王室的军队逮捕了墨索里尼，并将他秘密送往意大利中部的一处山间别墅。随后，希特勒派兵把他从那里营救了出去。后来，墨索里尼在意大利北部建立了一个法西斯共和国[②]，由德国提供保护，首都设在加尔达湖[③]沿岸的小城萨罗。9月8日，意大利退出轴心国，加入了同盟国的阵营。但是，意大利的投降引发了极大的混乱。而且，由于盟军在意大利本土登陆（9月3日，即签署停战协定的当天），这一混乱又进一步加剧。盟军的这次登陆意义不大，因为英国第八集团军一路向北推进了近500千米，到达了萨莱诺[④]以北的地区，途中并未遭遇任何抵抗。盟军的空降登陆计划也毫无战果，只在意大利靴形半岛后跟处的塔兰托[⑤]取得了实质性的胜利。然而，盟军在这里也遭遇了严重的混乱和拖延。当然，此时的德国人应当也在密谋推翻希特勒的政变，就像意大利发生推翻墨索里尼的政变一样。但是，这一政变并没有发生，原因在于，在铲除异己方面，德国的纳粹主义远比意大利的法西斯主义无情得多。

---

① 维托里奥·埃马努埃莱三世（Vittorio Emanuele，1869—1947），意大利国王（1900—1946）。

② 即意大利社会共和国，又称萨罗共和国，1945年4月25日灭亡。

③ 意大利面积最大的湖泊，位于意大利北部。

④ 意大利南部港口城市。

⑤ 意大利东南部港口城市，也是重要的海军基地。

在意大利，国王、教会和军队都是潜在的反对势力。8月中旬，德军以隆美尔为首组建了新的集团军群，在意大利南部也组建了新的部队，由著名的德军将领阿尔贝特·凯塞林[①]指挥。德国人很幸运，不仅意大利靴形半岛脚尖处的地势非常复杂，使盟军行军受阻，而且德国人及时地破坏了这一地区的桥梁。于是，盟军只能把攻击点转向别处。美国人曾料想，由于意大利已经投降，他们在萨莱诺的登陆将不过是走走形式。然而，他们遭遇了东拼西凑起来的德军部队的抵抗。随后，德国援军赶到，对盟军发起了反攻。盟军实施了大规模的空海轰炸，每天投弹逾 1 000 吨，这才勉强遏制住了德军反扑的势头。盟军最终于 9 月 18 日攻取了萨莱诺省和福贾机场。9 天后，福贾机场在盟军进攻德国南部和巴尔干地区的行动中发挥了巨大作用。到 10 月上旬，意大利的南部地区已经完全掌握在了盟军手中，但是，盟军面前还横着好几条坚固的防线，凯塞林在那里组织了殊死的抵抗。德军已经水淹彭甸沼地[②]，也把河流改道，淹没了许多条山谷。美军第五集团军花了 6 个星期才艰难前进 10 余千米，抵达德军的重要防线——古斯塔夫防线。这里有许多巨型城堡，比如卡西诺山的本笃会修

---

① 阿尔贝特·凯塞林（Albert Kesselring，1885—1960），德军将领，曾担任南方战区总司令，指挥地中海和北非战场的德军部队，1940 年晋升为空军元帅。

② 位于意大利中部的沼泽。

道院，它们坚固而厚实的古老城墙从很远处就能看到。德军承诺，出于对历史遗迹的保护，他们不会把这座修道院用作军事用途。但美国人怀疑德国人会利用它来观察自己的阵地，于是向城堡发起了 4 次攻击，但未能攻取。最后，美国人炸掉了城堡，却依然无法前进，因为瓦砾堆为德军提供了很好的掩护。而且，由于天气非常糟糕，美军在 1 月 17 日到 5 月 18 日之间毫无进展。最后，由于法国的阿尔及利亚军和摩洛哥军包抄到了德军阵地的后方，盟军的 20 个师才在 30 多千米长的战线上击退了德军。

丘吉尔意图加快盟军在意大利的行动。他希望利用海空优势实施另一次两栖登陆，登陆点选在了罗马南部的安齐奥。这是他最后一次独立进行战略部署，整个计划的关键之处在于调动大规模的兵力进行突然袭击。然而，由于丘吉尔的参谋们需要在 2 月份把登陆艇转移到别处，于是，盟军在安齐奥的登陆行动在 1 月底就开始了。这不是一个正确的时机，因为部队还没有从疲劳中恢复过来。所以，尽管行动初期进展顺利，巡逻车甚至开到了罗马，但是美军指挥官约翰·卢卡斯极为谨慎，他总是在加固自己的阵地。随后，德军展开了猛烈的反扑。沼地遭到了水淹，蚊虫大量滋生，对盟军造成了非常不利的影响。德军不停地轰炸盟军的滩头阵地，直到 5 月下旬，盟军才冲破德军防线。此时，卡西诺山一线也已被盟军突破。在盟军的作战当中，虚荣心极大地阻碍了胜利的到来。突破德军防线后，美国指挥官马克·克拉克[①]没有进一步向前，截断德军从卡西诺撤退的后路，而是开始攻打罗马，以便比肩于艾森豪威尔[②]和巴顿的战绩。他甚至逮捕了违抗命令、同样进兵罗马的英国军官。就这样，德军的 7 个师一路顺风向东撤去，而盟军对罗马的攻击却旷日持久，其战绩完全无法媲美诺曼底战役。盟军在安齐奥登陆后，德军最高统帅部取消了调派凯塞林的 5 个精锐师到欧洲西北部的计划，这为盟军进攻法国提供了很大的帮助。但是，盟军的代价也非常高昂。在攻取罗马之前，盟军伤亡 4.3 万人，而原先驻守在意大利中部和南部的德军却全身而退，继续存在了一年多。总而言之，经过 1942 年底的大逆转后，形势已经发生了巨大的变化。然而，直到 1944 年，中欧才遭受到致命的攻击。如果盟军不对意大利投入那么多兵力，英国皇家空军轰炸机司令部的思维也不那么狭窄，这一天或许能提早一年到来。

---

① 马克·克拉克（Mark Clark，1896—1984），美军将领，1945 年晋升为陆军四星上将。

② 德怀特·戴维·艾森豪威尔（Dwight David Eisenhower，1890—1969），美国军事家、政治家，“二战”中担任盟军在欧洲的最高指挥官，1945 年晋升为陆军五星上将，后来任美国第 34 任总统（1953—1961）。

纳粹主义，共产主义

奥斯维辛集中营，匈牙利犹太人到来　1944 年

随着英美联军和苏联红军逐渐逼近，德国开始陷入包围。这时，纳粹党越来越频繁地宣称他们是在为“新欧洲”而战斗。纳粹德国宣传部长约瑟夫·戈培尔出版了一份同名的杂志，里面的标题（和文章）看上去都非常老套，比如《欧洲在为统一而战斗》、《青年是欧洲未来的保证》和《欧洲经济的统一》。再如《新欧洲：战胜寻衅的盎格鲁-撒克逊人》，这个标题倒还有一些新意。尤其在1942年之后，随着盟军对德国城市的轰炸，以及德军在东线的败退，这样的论调开始得到更加广泛的宣扬，法国的高级官员也不时卷入其中。

在法军战败的警醒下，法国维希政府开始着手制订国家复兴计划。维希政府的一些部长是工商业资本家，他们景仰德国的冷酷和高效，迫不及待地希望与德国一起合作，让法国重振雄风。盟军攻入法国后，这些资本家开始四散奔逃。他们逃到了德国西南部的锡格马林根城堡。在那里，一群脑满肠肥的胖子为了争抢能够看得到风景的房间而吵吵嚷嚷（黑色幽默大师、小说家路易–斐迪南·塞利纳[1]记述了这一段历史，他也是贝当元帅的医生）。1943年，这些资本家与他们的德国主子一起讨论了法德两国的经济合作，结果却非常糟糕。德国的占领区和卫星国本应启动战时经济，以便追上美国和英国的战时工业产量。然而，法国在1940年到1944年只生产了2 500架飞机，其中绝大部分还是教练机。只有比利时和捷克创造了高于战前的工业产值（公平地说，这两个国家也没有受到盟军的轰炸）。

德国当局想尽办法剥削所占领国家的经济，相互间的汇率极不公平。他们低价抢购他们所能买到的所有东西，比如德国元帅戈林就从巴黎的犹太画商手里低价购买了大量的画作。在巴黎，民众只能使用拼装的自行车出行，他们的体重也降低了1/3（部分原因是法国城市与农民之间的恶劣关系）。从1944年年底到1945年年初，荷兰发生了严重的饥荒，民众只能用郁金香的球状茎充饥。而直到战争即将结束，苏联军队已经打到默德林近郊的时候，维也纳的粮食供应仍然维持在相当高的水平。在以农业为主、鲜有大型城市的斯洛伐克，那里的粮食甚至十分充裕。德国占领当局无法以合理的方式来运用西欧的经济力量，他们当中的一些人只不过是残暴的

① 路易–斐迪南·塞利纳（Louis-Ferdinand Céline，1894—1961），法国作家。

蠢货。法国的工业需要德国的煤和机器才能运转，德国负责军需生产的阿尔贝特·施佩尔理解法国的需求，并同法国人签订了友好的合作协议。但是，正当机器从德国运往法国的时候，德国负责战时劳工事务的弗里茨·绍克尔[①]却逼迫几十万法国工人到德国，他们将同其他外国劳工一起备受折磨，同时只能领取可怜的薪水（战后，参与剥削外国劳工的一些工商业资本家遭到了审判）。确实，随着盟军的轰炸，德国人的军工制造流程开始变得更加合理。没有受过训练的乌克兰妇女开始在流水线上重复单一的操作，直到飞机和大炮从生产线的另一端被制造出来。但是在此之前，德国的工业生产是另一番景象。熟练的技术工人组成不同的小组，小组之间相互竞争，生产出的飞机具有极高的质量水准。德国工人对工作的投入程度是出了名的，而且直到战争临近终结，工人的学徒期仍然长达 4 年。在这 4 年里，每名学徒都要掌握 4 种不同类型的操作技能。这样的精确程度严重地制约了工业的产量。此外，德国在生产投入上也犯了不少严重的错误。1938 年，德国开始在奥地利修建 3 个大型航空发动机工厂，但是，由于进度严重滞后，它们直到 1943 年才投入生产。而且不久后，它们就在盟军的轰炸下成了废墟。从整体上看，德国在

① 弗里茨·绍克尔（Fritz Sauckel，1894—1946），纳粹德国政客，图林根地区党魁。

军需物资的生产上只相当于英国这一个国家，而且在一段时期里，德国在飞机制造方面甚至远远落后于英国。后来，施佩尔确实大幅度地提高了德国的生产效率，但是，这在很大程度上是以牺牲可靠性为代价的。比如，在 1944 年，德国海军造船厂终于制造出了一种潜艇的原型机。这种潜艇能够长时间保持潜水状态，并且在敌方毫无察觉的情况下为电池充电。但是，这艘潜艇在但泽的首次亮相却闹了笑话，由于焊接不严，潜艇直接沉了底，德国人只能在夜里把它重新拖上码头。1944 年，德国的飞机产量确实可观，但是德军极其缺乏经验丰富的飞行员，导致飞机飞不了多久就会被盟军打下来。在战争的最后一年里，德国空军的飞行员几乎都是刚刚从飞行训练学校毕业的新手，要不了一个月就会被打下来。对比这种情况，德国在 1943 年的生产能力还算能够满足战争的需要。这时的德国生产出了重型坦克，只是数量很有限。

然而，尽管纳粹未能在经济上有效地利用他们在欧洲的占领区，但是在另一个罪恶的领域，他们却展现出了极高的效率。1941 年 9 月中旬，德军攻克基辅，俘虏了 50 余万苏联士兵，希特勒认为他已经取得了战争的胜利，拉斯滕堡一片欢呼。正在此时，海因里希·希姆莱出现了。希姆莱是纳粹精英力量党卫军的头目，德国的警察、德国占领区的安全保卫，所有的集中营都归他管。另外，阿道夫·艾希曼[①]掌管着秘密警察组织盖世太保，负责处理与犹太人有关的事务。由于这些事务涉及机密，我们无从得知他们具体讨论了什么，但我们可以推断，就在这年的9月，希姆莱和希特勒决定把犹太人从欧洲赶尽杀绝。毕竟，希特勒早在1939年1月的演讲中就说过，一旦把他激怒，他就会把犹太人消灭干净。只是，他当时的主要想法还是把犹太人赶出德国，或者让他们从大众的生活中消失（实际上，只有半数的德国犹太人离开了德国）。但是，在东欧的德国占领区，纳粹的做法就直截了当得多了。他们表示，犹太人和共产主义者是一回事。在进攻苏联之前，希特勒也发布命令，说犹太人和共产主义者都需要解决掉。在波兰，300万犹太人已经被赶进了少数人种聚居区。那里是一些拥挤不堪、肮脏破败的街区，里面疾病肆虐。纳粹的专门机构特别行动队到处屠杀犹太人。他们让犹太人在深沟边排成一列，然后开枪，让他们跌进沟里，这些深沟就成了巨大的坟墓。有时，当地的居民也会帮忙。他们憎恨共产主义者，所以有时候也会把共产主义者当作犹太人。从这时起，德国和德国所有占领区的犹太人就开始面临死亡

① 阿道夫·艾希曼（Adolf Eichmann，1906—1962），纳粹德国高官，被犹太人称为“纳粹刽子手”。

的威胁。屠杀犹太人在操作层面有一定的困难，所以一些良心未泯的人开始利用这一点来拖延时间。他们会问：犹太人的财产怎么处理？怎么认定谁是犹太人，谁不是？持有外国护照的犹太人怎么处理？等等。为了解决这些问题，1942年1月，纳粹在柏林郊外的一处别墅里开了一个会，这就是历史上臭名昭著的万湖会议。正是在它前后，希特勒做出了灭绝犹太人的决定。这次会议为灭绝犹太人扫清了法律上的障碍，于是犹太人的灾难开始蔓延开来。苏联和波兰的犹太人不是被杀害，就是被饿死或病死。灭绝犹太人的行动也扩展到了西欧，那里的犹太人将被关进波兰的集中营。在战争爆发前，纳粹的主要做法还是驱逐犹太人，他们认为犹太人造成了恶劣的社会影响，比如黄色报刊、现代艺术、共产主义，等等。那些没有离开的犹太人要面对或大或小无穷无尽的屈辱，比如不能购买鸟食喂食宠物鸟，不能接收来自国外的邮包，但他们肯定不会被杀害。然而，在万湖会议过后，纳粹灭绝欧洲犹太人的意图就非常清晰了。

于是，大屠杀开始了。犹太人会被登记，然后再被火车送往东欧的目的地——里加[①]、明斯克，还有波兰的一些地方。在那里，有劳动能力的犹太人会被强迫劳动，没有劳动能力

① 拉脱维亚首都，波罗的海港口城市。

的人会受到“特别对待”。最后，纳粹开始使用毒气室，最著名的就是位于德波旧时边界的奥斯维辛集中营。1941 年 12 月，第一批遭到驱逐的犹太人从德国来到集中营，随后被枪杀。从 1942 年春季起，纳粹开始清理波兰的少数人种聚居区，到 1943 年夏天，这些聚居区已经几乎空无一人。当时，离开这些区域的犹太人最终发动了一场暴动（他们从波兰抵抗者手中获得了手枪），一些幸存者设法隐藏在了聚居区的围墙外面。罗曼·波兰斯基[①]执导的电影《钢琴师》(*The Pianist*)就是这一时期的生动刻画。在法国和意大利，尽管犹太人面临着邪恶的法律，但是由于有宗教机构和个人提供帮助，还有一些官员秘密地联合起来抵制驱逐命令（法国有几位信奉胡格诺教[②]的市长下发了假文件），他们大多还是生存了下来。比利时的犹太人受到了德国军事总督亚历山大·冯·法尔肯豪森的秘密保护。战后，法尔肯豪森受到审判，但随后得到了赦免。与法国的犹太人一样，比利时的犹太人也有很多办法逃避惩罚。或者也可以说，在比利时和法国，民众已经习惯于面对压迫和盘查。当被告知要建立犹太居民委员会的时候，他们想方设法避免这样做。在荷兰，崇尚诚实和有礼（北

① 罗曼·波兰斯基（Roman Polanski，1933— ），犹太裔导演，出生于法国巴黎，曾被囚禁于纳粹集中营。

② 即新教胡格诺派，也称开尔文派，是形成于法国的新教教派。

欧的文化特征）的民众建立了犹太居民委员会，他们顺从地把犹太人的姓名和地址交了上去。随后，这些犹太人逐渐被荷兰警察送到了死亡集中营。就是在荷兰这样一个反犹主义并不盛行的国家，一个因同情犹太人的遭遇而爆发大规模罢工抗议的国家，90% 的犹太人惨遭厄运。1945 年 1 月，犹太居民委员会召开了一个小规模的聚会，庆祝他们成功地将犹太人团结在了一起（委员会成员也遭到驱逐，不过目的地是在布拉格附近的特莱西恩施塔特，这是一个特权集中营，是专门展示给红十字会检查员等人看的。返回荷兰后，他们遭到了通敌卖国的审判）。在保护犹太人方面，罗马教廷的表现比较谨慎，于是遭到了各方的批评。但希特勒至少说过一次，一旦战争结束，他的下一个敌人就是天主教会。而且，只要他一点头，他就可以让教皇不再保持中立。在信仰天主教的斯洛伐克和克罗地亚，罗马教廷发出了强烈的抗议，成功地阻止了驱逐犹太人的行动。1944 年，德军占领匈牙利，为了保护匈牙利的犹太人，教皇也进行了干预。

一般认为，遭到屠杀的犹太人约有 600 万。但是，到底有多少犹太人被毒气毒死、饿死，或者因过度劳累致死，是不可能说清楚的。奥斯维辛集中营并不是一个单一的死亡集中营，它还包含一个子集中营——莫诺维茨（Monowitz）集中营。莫诺维茨集中营里有一座化工厂（在今天的波兰，这座化工厂仍然在运转），法本公司（I. G. Farben AG）试图在这里制造合成橡胶（但是没有成功）。除了宝贵的犹太技术工人有可能活下来之外，其他犹太人基本上都在残酷和绝望中死去。在臭名昭著的人体实验里，纳粹医生把集中营里的囚犯用作实验研究，比如人体能够承受多大程度的寒冷和饥饿？或者在这样或那样的实验情境下，双胞胎会做出怎样的反应？最著名的例子是约瑟夫·门格勒医生。门格勒出生在德国巴伐利亚州金茨堡的一个制造农用机械的天主教家庭，早年在慕尼黑大学学习医学和人类学，后来到法兰克福跟随导师奥特马尔·冯·费许尔[①]男爵学习当时最为前沿的遗传学。随后，门格勒到东线战场做随军医生。1943 年，在导师的鼓励下，门格勒进入了奥斯维辛集中营。有一次，他成功地阻止了伤寒的扩散，这令他颇为得意（他用毒气毒死了所有受到感染的人，并且用焚尸炉把他们的遗体烧成了灰）。后来，门格勒开始疯狂地进行基因学实验，并为他的导师准备了一箱子骇人的实验标本，可他的导师并不认可他的实验结果，这使他非常难过。他不听家人的劝告，没有立即逃走（最后，他逃到了南美洲的布宜诺斯艾利斯，在那里开了一家名叫“门格

① 奥特马尔·冯·费许尔（Otmar von Verschuer，1896—1969），德国人类生物学家、优生学家，主要关注种族优生和双胞胎研究。

勒”的药店）。对于纳粹进行的人体实验，很多资深的医生都参与其中。门格勒的导师费许尔在战后的联邦德国获得了很高的社会地位。丘吉尔曾警告世界，如果纳粹赢得了战争，他们不正当的科学研究就会为这个世界带来极大的黑暗。奥威尔也表达了同样的观点。他说，在希特勒的眼里，人类的未来就是 2.5 亿金黄色头发的人种在自我繁衍。

“二战”结束后，有一个问题被经常问及，那就是，到底有多少德国普通民众知道当时所发生的事情。当英国皇家空军轰炸德国的时候，德国普通民众认为这是德国残杀犹太人而招致的报应和惩罚。在德国东部，民间也在传言，德军正在实施可怕的暴行。在被英军俘虏的德军指挥官当中，这些消息也得到广泛传播（他们有时候会感到震惊，但并不总是这样）。对犹太人进行“最终处置”的细节很少有人知晓，德军对它们严格保密，比如使用“特别对待”这样的词汇来混淆视听。大多数残杀行动都需要各方的配合，有时还包括犹太居民委员会。比如，在荷兰，参与迫害犹太人的党卫军军官只有 6 人。在接收了 100 万囚犯的奥斯维辛集中营，那里的看守也不过只有 3 000 人，而且大部分都不是德国人。如果党卫军遇到了问题或者遭遇了抵抗，他们受到的干扰将会非常严重，比如在法国和意大利，就连反犹的民众也开始保护犹太人，以便让他们逃离恐怖的厄运。1945 年年初，在苏联红军对布达佩斯的包围中，一些德国军官故意对一座由一位路德教会牧师创办的犹太难民营视而不见，而这座难民营就在城堡区的一座防御工事下面。不过，从整体上说，纳粹对欧洲犹太人的灭绝是难以想象的。1942年8月1日，在“二战”的中立国瑞士，当德国的一位工商业资本家向犹太人居民委员会愤怒地揭露纳粹所犯下的滔天罪行时，包括犹太人自己在内的很多人都不敢相信这样的事实。消息一直断断续续地传来，直到1944年，随着苏联人披露了纳粹想要毁灭痕迹的集中营，事实才变得清晰起来。1945年1月，奥斯维辛集中营最终得以解放。这时，成队成队瘦骨嶙峋的囚犯正在皮鞭的抽打下，在冰天雪地里迁往德国的其他营地。

希特勒的核心信念是雅利安种族比其他种族更优秀，这种思想可以追溯到德国对古希腊的浪漫崇拜。这种人种上的优秀可以转换成为“意志制胜”，也就是说，雅利安人的智慧和愿望能够在雅利安意志力的帮助下无往不胜。莱尼·里芬施塔尔①（祖辈中有一人是犹太人）在她的电影里讲述了这个主题。其中一部电影的名称是《意志的胜利》（*Triumph of the Will*），它记述了1934年在纽伦堡举行的纳粹党代表大会。另一部电影《奥林匹亚》（*Olympia*）记录了1936年举办于柏林

---

① 莱尼·里芬施塔尔（Leni Riefenstahl，1902—2003），德国电影导演、摄影师、演员。

的奥林匹克盛会（在这当中，非裔美国运动员杰西·欧文斯用实际行动狠狠地回击了希特勒的白人种族优越论）。希特勒自己的经历已经体现了意志的胜利，而且他确信，德国的科学家终将制造出神奇的武器，打垮陈腐的西方世界和劣等人群集的东方世界。即便到了最后，当苏联人抓获普鲁士财政部长的时候，德国人仍然相信，德国人不久就能制造出一种强大的死亡射线，扫清敌军。在 1945 年 4 月的布拉格，德国官员仍然在学校里测量儿童的脚，以便判断他们在种族上是否可以算作德国人。最不同寻常的是，希特勒在 1945 年 2 月亲口说道，目前所做的一切都是白费工夫，种族到底包含哪些东西是不可能弄清楚的。但是，他已经让整个德国都着了魔，尤其是年轻人。许多青年军人十分憎恨和鄙视本民族以外的人，尤其是斯拉夫人和犹太人。

德军部队在斯大林格勒的投降对希特勒的尊严造成了沉重的打击。当时，希特勒在所有的战线都面临着巨大的威胁——空中、海上、西线、南线，到处都是威胁。而他的盟国却在不断地倒下，或者像日本一样逐渐收缩。不过，德军重新攻占了哈尔科夫，希特勒终于能松一口气。他意图凭借这一胜利和军火库中的新式武器重新发起对苏联的攻势。于是，他命令德军发起了代号为“堡垒”的攻势，目标直指库尔斯克和奥廖尔。“堡垒”行动所基于的情报并不十分可靠。

情报认为苏军的战斗力已经大为削弱，然而，尽管苏军的损失十分惨重，到目前为止已经损失了 1 200 万人，但他们在战场上仍然有 570 万人，用以对阵德军的 270 万人。据估计，苏军已经损失了 2.1 万辆坦克，但德军的坦克也遭受了巨大的损失。不过，德国坦克的生产正在恢复，无论在数量上还是在质量上都是如此。在 1943 年，德国生产了 6 000 辆坦克，其中 2/5 是重型的虎式坦克和中型的豹式坦克。这些坦克一露面，苏军的坦克手就吓得弃车而逃。现在，德军最高统帅部能够看出，苏军可能会进攻第聂伯河的大拐弯处。那里的防守比较薄弱，无论从北还是从南进攻都比较容易得手。而且，这里有对德国经济至关重要的各类资源——顿涅茨克的煤矿、扎波罗热的水电厂（已经于 1943 年 1 月再次开始发电）和尼科波尔的锰矿。负责纳粹煤炭供应的保罗·普莱格[①]甚至说，如果缺少了顿巴斯煤田的六七百万吨煤，德国的武器产量就无法增加。“堡垒”计划的最初设想并非没有根据。希特勒频繁地往返于德军在扎波罗热的指挥部，并与曼施坦因就作战计划进行争辩。曼施坦因主张机动防御，但希特勒认为，有些阵地是不能丢的，而且由于空中的打击、游击队的袭击、桥梁的破坏、火车在掉头时的不便，调动部队需要花费比以

---

① 保罗·普莱格（Paul Pleiger，1899—1985），德国政府顾问。

往更长的时间。4月本来是发起攻击的大好时机，然而，德军的战斗行动却被一天天拖延了下去。此时，苏联人已经从很多条渠道了解到德军即将发动的进攻。英国人破译了德国人的密码，他们知道德国人要干什么。他们也知道，苏联人不会相信英国人的话。于是，他们再次使用了巴巴罗萨计划前夕用来假冒共产党间谍组织的“露西”间谍小组。这个小组设在瑞士，据说，他们从一位德军参谋手中获取情报。英国人让这个间谍小组假冒共产党的谍报人员，并直接为斯大林提供情报。然而，斯大林通过他的英国情报人员约翰·凯恩克罗斯①（1940年至1941年，他在英国政府担任要职）知晓了英国这一精心谋划的骗局。但是，德军的意图确实太明显了。德军的战线远远地伸向西部，最西端是库尔斯克。同时，德军还占据了北侧的奥廖尔和南侧的别尔哥罗德，对库尔斯克形成了夹击之势。

7月5日，库尔斯克战役②打响，并且成为历史上规模最大的陆上战争，参战兵力达到了300万，同时配备有万门火炮、1.3万辆坦克和1.2万架飞机。德军对进攻的设想是错误的，他们在正面发起的进攻毫无意外性可言，这与他们在1940年

① 约翰·凯恩克罗斯（John Cairncross，1913—1995），曾为英国政府工作，“二战”中为苏联搜集情报。

② 德军对苏联发动的最后一次大规模进攻。

时的作战有天壤之别。从1918年的闪电战[①]开始，古德里安大力发展了装甲进攻，一路所向披靡，鲜有抵抗。但是现在，攻击的时间和地点都被敌人知晓，而且苏军已经提前进行了充分的防御准备。仅在沃罗涅日一线，苏军就挖掘了4 000多千米的壕沟，并在重点阵地埋设了近100万颗地雷。德军甚至在坦克方面处于下风，尽管德军的坦克部队名声很大，但在2 500辆坦克里，最新式的坦克只有328辆。战斗在7月5日凌晨3点打响，苏联空军首先发起进攻，但起飞的400架轰炸机绝大部分都被德国空军打了下来。库尔斯克北侧德军的指挥官瓦尔特·莫德尔只派出了少量的坦克，他这么做可能是为了留出更多的坦克抵挡苏军随后的进攻，他知道苏军要发动进攻。一部分重达70吨、自视坚不可摧的费迪南坦克陷入了苏军的壕沟，动弹不得。半数的虎式坦克被地雷击毁。7月13日，莫德尔不得不全面停止进攻。只有这样，他们才能抵挡住苏军坦克部队的一次大规模进攻。在库尔斯克南侧，曼施坦因在进攻中投入了全部的坦克，包括100辆虎式坦克和200辆豹式坦克，这次进攻确实让德军在攻击力上占据了极大的优势。但是，由于这些坦克尚未完成测试，导致1/4的坦克在开始行动前就退出了战斗，有些坦克还因为油泵出现

① 闪电战有三个要素，即奇袭、快速、集中。

故障而起火。由于地雷没有清除干净，25 辆坦克被地雷炸毁，工兵不得不冒着炮火扫雷。在南侧，德军向东进攻普洛霍罗夫卡的战斗比较顺利，因为苏军在虎式坦克和豹式坦克面前出现了恐慌，这两种坦克无法从正面击穿，而且装备有高速火炮，能够从 2 千米之外摧毁苏军的 T-34 坦克。7 月 6 日，苏军沃罗涅日方面军指挥官尼古拉·费多罗维奇·瓦图京[①]获得了战略预备队，他似乎要发动反击。瓦图京手握 2 924 辆坦克，但他命令其中的大部分不得参与进攻。7 月 8 日，大批苏军坦克对德军的一处后勤基地发起进攻。德军只有一辆正在修理当中的虎式坦克，但是仍然可以使用。结果，这辆坦克以少敌多，摧毁了 22 辆 T-34 坦克，并且打退了其余的苏军坦克。7 月 12 日，苏德两军在普洛霍罗夫卡爆发了一场大规模的坦克会战，该地也因此战而闻名。但是，苏军的指挥官只是为了掩盖自己的错误才发起了这场战斗。在战斗中，德军仅仅损失了 30 多辆坦克，而苏联红军却愚蠢地投入了大约 1 000 辆坦克，这些坦克中了德军的埋伏，不少都掉进了反坦克壕沟，德军则放手对苏军其余坦克的薄弱部位发起攻击。这场战役的真实情形直到近半个世纪后的 1990 年才大白于天

① 尼古拉·费多罗维奇·瓦图京（Nikolai Fyodorovich Vatutin，1901—1944），苏联红军将领，1943 年晋升为大将。

下。实际上，希特勒中途取消了库尔斯克战役，部分原因在于，德军已经把飞机调往了南部战场，尤其是，盟军已经于7月10日在西西里岛登陆。曼施坦因表示反对，认为他应当继续前进，因为苏军已经损失了1 800辆坦克，而且他还没有动用自己的预备队。他确实已经在准备一次小规模的行动，但是希特勒在16日终止了德军的进攻。在库尔斯克战役中，苏军付出了巨大的代价，损失士兵31.9万人（德军损失5.5万人）、坦克2 000辆（德军损失250辆）、飞机2 000架（德军损失159架）。曼施坦因说，苏联红军是一只多头蛇怪，刚砍下一个头，接着又会长出两个头。随后，苏军发动了大规模的反攻。从7月12日到8月18日，莫德尔在奥廖尔的部队不断地遭到苏军的攻击。从8月3日到13日，南部曼施坦因在别尔哥罗德的部队也遭受了苏军的攻击。此外，为了缓解德军对列宁格勒的包围，苏军也在列宁格勒以东的沃尔霍夫沿岸和特维尔（即今天的加里宁）一带对德军发起攻击，这里的德军仍然威胁着莫斯科的安全。此时，曼施坦因只剩下240辆坦克，第四航空队的800架飞机也被调去掩护南线战场，而东线战场全线战火纷飞。8月23日，哈尔科夫再次易手，城中的大部分区域已经成为废墟。与以往相同，苏军遭受的伤亡仍然十分巨大，他们损失了1/8的士兵。斯大林希望苏联红军能在1943年年底打到东普鲁士，但是他们没有做到。

库尔斯克战役结束后，德军只能处于守势。他们只能在个别地点小规模出击，无力再发动大规模的攻势。不只如此，此时的德军油料短缺，只能用马车运输，行动极为艰难。而苏军却获得了美国的车辆和罐装补给，这使得他们在严酷的冬天里也能迅速行军。希特勒必须把部分兵力从东线调往地中海战区，将来，他还得继续分兵支援法国战区。这样一来，德国东线的部队就暴露在了苏军的攻击之下。除此之外，德军整条战线的状况都十分艰难。库尔斯克一役过后，德军大致上占据第聂伯河一线。曼施坦因的指挥部还在乌克兰东南部的扎波罗热，这是德军东部战线最突出的部分。随后，曼施坦因再次将战线东移到了连接顿涅茨盆地和亚速海的米乌斯河一带，一边保护克里米亚，一边使德军的 A 集团军群得以侥幸地从罗斯托夫和刻赤半岛后撤。曼施坦因主张撤退，随后再发动反击，但希特勒需要他守住顿巴斯煤田，双方的气氛越来越紧张。另一个集团军群集结得较为顺利，但问题也大同小异——战斗力低下，通信器材短缺，运输保障无力。

到 1943 年 8 月，高加索地区的德军已经非常弱小，无力再抵挡苏军的进攻，于是，他们只能一路撤退，穿越顿巴斯煤田回到第聂伯河沿线，丢掉了顿巴斯的工业资源和已经占领的半数农田。随着 10 月的到来，德军发现即便想保住第聂伯河也不可能做到了，因为苏军的桥头堡在不断增加，重要的城市也在不断陷落，首先是扎波罗热，然后是第聂伯罗彼得罗夫斯克。最后，在 11 月初，苏军从基辅南北两侧的桥头堡出击，收复了基辅。苏军继续沿铁路线向西推进，并于 1944 年 1 月 3 日抵达了 1939 年时的苏波边界。德军预计大雪和泥泞会阻挡苏军进攻的脚步，但是这一次，苏联人只是不停地向前，再向前。借着一丝侥幸，德军才免遭覆灭。1943 年，苏军的战线向西推进了 800 千米。1944 年 4 月 10 日，苏联夺回敖德萨，一个多月后又收复塞瓦斯托波尔。9 月 25 日，德军丢掉了布良斯克和更为重要的斯摩棱斯克，从此丧失了德军整个东部防线的基石。在接下来的 1945 年 1 月，苏军沃尔霍夫方面军和波罗的海沿岸方面军突然对列宁格勒发起进攻，将德军逼退至了诺夫哥罗德和爱沙尼亚边境。德军的溃败即将开始。

西线与东线

霸王行动　1944 年

随着德军撤出高加索地区，这里和伊朗的石油就不再受到威胁，斯大林非常重视石油出产地，此刻，他终于如释重负。在一定程度上，苏联已经恢复了它在克里米亚战争前的疆域，雄风再现。同时，苏联还在推崇一种十分危险的意识形态。希特勒促使苏联发生了巨大的改变。在 1941 年至 1942 年所面临的巨大危机中，苏联受到了强烈的震撼。他们停止了对经济的干预，并且提拔了合格的将领来指挥军队。不管怎么说，莫斯科又回到了从前的那个莫斯科。这一变化的标志之一是 1943 年 11 月，斯大林屈尊赴德黑兰参加了同盟国的一次重要会议——德黑兰会议。当时，英苏两国已经占领伊朗，苏军也已收复基辅，并且正在向苏波旧日的边界逼近。在德黑兰会议上，各国隐晦地承认了苏联在东欧的主导地位，这一结果是在与丘吉尔的讨价还价中取得的。有一次，斯大林提到他要在德国做一些残忍的事情，丘吉尔立即愤怒地停止了用餐，向斯大林表示抗议。斯大林解释，自己是在开玩笑。

丘吉尔和罗斯福的关系已经开始出现裂痕。然而，为了符合民众的期待，两个人应当对外做出融洽的表现。他们都很善于表演，当然，作为大西洋沿岸的两个贵族，他们对彼此都有相当程度的了解。丘吉尔的演技非常高超，即便他把众人激怒，他也能成功地让局面缓和下来。1944 年春天，考虑到英国势力的衰落，丘吉尔两只手抱着脑袋，感到非常沮丧。他的妻子克莱芒蒂娜说："高兴一点，想想墨索里尼现在是什么感觉。"丘吉尔回答说："起码他知道他必须杀掉自己的女婿。"（1 月份，墨索里尼已经把他的女婿加莱亚佐·齐亚诺送上了审判台，齐亚诺被判处了叛国罪。）罗斯福能一边表现得风度翩翩，一边审慎地计算下一步该怎么做。两个人之间的紧张关系开始升级。现在，仗就要打赢了，英国（还有法国）还要做回从前的大帝国吗？不只是罗斯福，几乎所有的美国人都不会同意，他们肯定不会出钱来维持这两个大帝国。针对租借法案的条款，美国人已经爆发了无休止的争吵，他们想阻止英国利用这些帮助来推动英国自身的出口。

1944 年 7 月，在美国新罕布什尔州布雷顿森林召开的一次重要会议上（这次会议是为了安排战后世界的金融和贸易），英国推出了他们的经济学家——约翰·梅纳德·凯恩斯[1]。然而，即便他的精彩发言赢得了整个会场所有人的起立鼓掌，他还是无法说服美国人放松钱袋。直到 1947 年，英国人才学会如何解决这些问题。如果美国人用经济崩溃来威胁英国，那么英国的经济真的会崩溃。1943 年与 1944 年之交，美国在欧洲的军力几乎与英国相等，而且很快就会超过英国。而且，英美两国在战略上存在严重的分歧。美国人希望尽快结束战争，而且已经准备好对法国发起大规模进攻，美国的看法是非常有道理的。到目前为止，盟军仅仅实施了三次成功的两栖作战，其中一次还是敦刻尔克大撤退。另外一次的火炬行动，是在对方抵抗非常微弱的情况下进行的。还有一次是在 1942 年 5 月的马达加斯加，盟军阻止维希法国殖民地政府向日军提供帮助。在德黑兰会议期间，苏联红军正在克里米亚半岛进行艰难的两栖登陆作战。坦克在错误的位置登陆，火炮和步兵没有协同，空中力量几乎没有发挥作用。英国主张继续实施轰炸行动，并且对地中海虎视眈眈。英美两国开始在会议上出现对立，而蒙哥马利的轻蔑态度又使局面进一步恶化。（谈到他，丘吉尔说道："面对失败，不屈不挠；面对未来，不可战胜；面对胜利，让人无法忍受。"）

---

① 约翰·梅纳德·凯恩斯（John Maynard Keynes，1883—1946），英国经济学家，主张政府积极干预经济。

丘吉尔一心想避免在法国进行两栖登陆，同时，有人劝说他在地中海地区实施登陆。意大利是一个应当从北侧进攻的国家，而现在却要从南侧进攻，而且是在湿冷的秋天。后来，盟军遭遇了哥特防线。这是一条纵深达 16 千米的防御线，沿亚平宁山脉分布。防线里布满了水泥火力点、反坦克壕沟、地雷阵和几十万米长的铁丝网。丘吉尔（以及美军在当地的指挥官）颇为沉重地说，在意大利的行动要坚持到底，但是 100 多万士兵艰苦作战，进展非常缓慢。而且为了保护意大利的历史遗迹，盟军也限制了轰炸机的使用。丘吉尔可能在想，如果盟军能从意大利东北部攻入巴尔干半岛，战场的整体形势就会好很多。希腊和南斯拉夫各驻扎了德军的一个集团军群。如果土耳其参战，他们就能和英军一起切断这两个集团军群之间的联系。从地图上看，这样做确实非常有效。离开德黑兰后，丘吉尔与土耳其领导人伊斯梅特·伊纳尼①进行了会面。巧的是，土耳其日后的领导人图古尔特·奥扎尔②说，伊纳尼最大的错误就是没有加入“二战”。如果加入，土耳其就能获得与英国人和希腊人讨价还价的能力，而且还能从意大利手里夺走爱琴群岛（Aegean Island）。伊纳尼的副手十

① 伊斯梅特·伊纳尼（İsmet İnönü，1884—1973），土耳其第二任总统（1938—1950）。

② 图古尔特·奥扎尔（Turgut Özal，1927—1993），土耳其总理（1983—1989）、第八任总统（1989—1993）。

分谨慎，在最后或许他的选择才是对的。假如土耳其介入战争，那么一旦出了岔子，苏联人就会来“解救”，随后土耳其就可能丧失领土和主权，就连伊斯坦布尔也不能幸免。为了体现自己的作用，丘吉尔鼓动英军侵占土耳其海岸线以西的多个面积广大、风景优美的岛屿，尤其以罗得岛[①]面积为最大。然而，英军遭到了惨痛的失败。由于没有掌握制空权，两栖登陆行动也出现失误，导致英军连罗得岛的边都没摸着。而德军却重新占领了科斯岛和莱罗斯岛两个大岛，还俘虏了几千名英军士兵。这是德军所打的最后一次大胜仗，然而，德国人却利用这次胜利疯狂地围捕了罗得岛的犹太人（一些犹太人被土耳其人搭救）。对于这次巨大的失败，美国人一点也不感到遗憾，因为丘吉尔不愿考虑跨越英吉利海峡作战，这让很多美国人耿耿于怀。现在，英国人又开始执行一项错误的计划，把7个师调离了意大利，他们打算在时机成熟的时候向法国南部发起进攻。这么做毫无意义，而且意大利的英军也抱怨自身力量太弱，不足以完成既定的作战任务。这种矛盾的局面就这样一直持续下去。

在德黑兰会议中，东欧的共产主义化已经得到了默许。这不仅是因为苏联红军的影响，而且与东欧各国的抵抗运动

① 希腊东南部岛屿。

有关。除波兰外，其他东欧国家都显著地受到了共产主义的影响。在城市多过农村的发达国家，比如法国和捷克，那里的抵抗运动只能以搞破坏为主，因为零零星星地杀害一两个德国人会招致疯狂的报复。不过，共产主义者所鼓励的正是这种做法，结果是，当地人越来越恨德国人，而共产主义势力也一天天壮大。不过，这种做法只能运用在希腊或南斯拉夫这样的国家，因为那里的游击队能够从空中获得补给，平时也可以隐匿在荒山中。1943 年，随着抵抗运动进一步升温，维希政府遭遇了一连串的叛变，法国的亲德分子迅速减少。现在，共产主义者已经掌握了相当的势力。在意大利北部，他们一心想在德国人走后接手那里的政权。在德黑兰会议上，各方决定将波兰西移，波兰在东边失去了大约相当于《莫洛托夫-里宾特洛甫条约》[①]划拨给苏联的领土，同时在西边获得工业发达的德国领土。不久后，500 万波兰人就将从东部被赶到西部。很明显，在丘吉尔的纵容下，苏联对周边地区的影响力正在不断加大。1944 年 10 月，丘吉尔飞赴莫斯科，开始就战后秩序问题展开讨论。

英国非常需要希腊，因为它位于地中海东部，附近有苏

① 即签订于 1939 年 8 月 23 日的《苏德互不侵犯条约》。

伊士运河[①]和中东在近海的油田，地理位置十分重要。后来，斯大林同意限制希腊共产党的发展。在夺取政权的希腊内战当中，斯大林没有提供帮助，使希腊共产党最终失败。丘吉尔放弃了东欧的其他地区，除南斯拉夫外。他与苏联约定，双方的影响力各占 50%。南斯拉夫总统铁托的共产主义游击队随后得到了英国的大力支持。英国特别行动处派出人员长期活动在达尔马提亚[②]的溶洞地区。（天主教小说家伊夫林·沃[③]当时在那里从事军事情报工作，目睹很多欺骗与残忍，令他非常厌恶，他把这些经历写进了他伟大的战争三部曲《荣誉之剑》[*Sword of Honour*]之中。他并不看好英国与南斯拉夫共产党的合作。后来发生了两件事，一件是斯大林与铁托在 1948 年决裂，另一件是南斯拉夫最终在 1991 年解体。在南斯拉夫解体的过程中，英国外交部秘密地支持了塞尔维亚人。）英美两国也获得了其他的利益。斯大林告知法国和意大利抵抗组织中的共产主义者不要参与夺取巴黎和米兰的权力。这本来很容易做到，但斯大林和法国领导人戴高乐（美国人不喜欢他）做了一笔交易。结果，戴高乐总统开始削弱英美在

---

① 位于埃及东北部，连接地中海和红海，间接沟通大西洋和印度洋，也是亚非分界线。

② 位于今天的克罗地亚。

③ 伊夫林·沃（Evelyn Waugh，1903—1966），英国作家，著有《衰落与瓦解》《一抔尘土》《故园风雨后》《荣耀之剑》等。

法国的经济和军事力量。在 1968 年，法国爆发了一场针对戴高乐的叛乱，共产主义者本可以推翻他，但莫斯科再次制止了他们的行动，因为戴高乐的影响比一个共产主义政权的影响还要大。所有这一切都隐藏在 1943 年 11 月的德黑兰会议当中。此外，英国还向苏联做出了另一项让步，然而，这一次我们很难责备英国人。在“二战”当中，几十万苏联人和南斯拉夫人自愿参加了德国军队，部分原因是为了逃避饥饿。“二战”即将结束时，英国人把苏联和南斯拉夫战俘交给了斯大林和铁托。随后，这些战俘遭遇了处决和长年监禁的厄运。30 多年后，亚历山大·索尔仁尼琴才把这一事实公之于众。在这件事上，美国人的做法要人道得多。他们虽然同意转交战俘，但实际上都把他们放走了。

现在，美国在“二战”中的重要性越来越突显了出来，原因是美国的战时经济出现了巨大的改观。罗斯福新政[①]发挥效力，就像战后马歇尔计划对欧洲经济所起到的关键作用一样。到 1943 年，美国有多家巨型汽车企业已经转产飞机，它们在 1944 年生产的飞机数量是 1939 年的 30 倍。美国一共生产了 5 万架轰炸机和 6 万架战斗机，而德国一共只生产了 4

① 指 1933 年富兰克林·罗斯福就任美国总统后所实行的一系列经济政策，对“二战”中美国的战时经济乃至“二战”后欧洲经济的复苏发挥了巨大的作用。

万架飞机。而且，美国生产的飞机在质量上有了大幅的提高。有的战斗机航程很远，能从英国飞到柏林，完成任务后再折返英国。还有一种 B-29 轰炸机，它的导航系统、飞行控制系统和挂弹系统都非常先进。此外，美国还改造了几百家造船厂，使得不熟练的新工人也能参与大规模的建造工作。1930 年至 1936 年，美国的造船厂只建造了 70 艘船，而从 1942 年到战争结束，美国一共生产了 6 000 艘船。美国在 1944 年的轮船产量是 1940 年的 20 倍。这些船尽管大多只是丑陋的、寿命很短的自由轮[①]（是仿造英国船的样子造的），但它们满足了战争的需要。美国在欧洲和太平洋战场发挥了积极的作用，因为那里有他们的航空母舰、做工精良的轰炸机，还有后来的原子弹。

日本的厄运正在降临，一旦美国人建立起运送武器和弹药的基地，日本的日子就不好过了。1944 年 6 月 15 日，535 艘美国轮船开始向塞班岛运送 12.8 万名陆军士兵和海军陆战队员，准备为 B-29 轰炸机建立空军基地，以便使它们飞临东京上空。90 天后，任务完成。此时的美国舰队拥有 15 艘航空母舰、1 000 架飞机、7 艘战列舰、70 艘驱逐舰和其他各类战舰。而所有的日本舰队满打满算也只有 9 艘航空母舰和 500 架

① “二战”中的补给船。

飞机。仰仗美国在情报方面的巨大优势，美军的驱逐舰几乎全歼了日本海军的潜水艇部队。日军的陆基战斗机也因为同样的原因而遭受了巨大的损失。日本的庞大陆军并没有与美军相遇，他们分布在中国的广阔土地上。在那里，他们发起了一场大规模的进攻，意图使中国退出战争。然而，即使日军作战非常成功，这些努力最终还是毫无意义。同时，英军终于在印度边境击败了一部分日军。在美军的另一个战场上，麦克阿瑟扫清了新几内亚岛上的日军，并且已经在印度尼西亚登陆。不久之后，他就会在莱特岛[①]登陆，像他承诺的那样重返菲律宾。回到菲律宾后，他将发现日军虐待当地民众和战俘的大量证据。接下来，日本最终的厄运也不远了。到时候，美军的轰炸机将肆意摧残日本的国土。

在美军进攻塞班岛的同一个月，盟军在法国海岸展开了大规模的登陆行动。在行动之前，盟军进行了充分的准备，完全不像英国人过去那样匆忙行事。日后成为企业家的一名德军飞行员描述了当天的情景。他说，6 月 6 日清晨，他驾驶飞机巡逻，看到了晨雾中的进攻舰队——那是运载了 16 万名士兵的 7 000 艘船，空中还有几千架飞机。看到这一切，他就知道战争输定了，不过他还是利用云层的掩护，在油箱告

① 位于菲律宾中东部。

急前击落了6架战机。在海上，曾经令人惧怕的德国潜艇只击沉了一艘船，那是一艘挪威驱逐舰。这次行动的指挥官是一个足智多谋的美国人——德怀特·戴维·艾森豪威尔（这个名字发源于德语，是“铁匠”的意思）。盟军的英美两军之间存在着深刻的隔阂，但是艾克[①]成功地掌控了局势。英军数量较少，对这次登陆也不完全赞成，但他们还是一同向前。结果他们发现，美国人的判断是完全正确的，这次登陆行动获得了圆满的成功。

现在回头看去，我们知道，诺曼底登陆行动应该在1943年实施。但最初的计划受制于登陆艇的缺乏，也受制于英国皇家空军的轰炸行动。1944年，登陆计划的制订者没有选择防守严密的港口。而且，由于战斗机的有效航程较短，可选择的登陆地点也非常少。实际上，这样的地点只有两个，一个是加莱，另一个是诺曼底海岸。诺曼底海岸有一个叫作瑟堡的港口，可以从侧面攻取。后来，盟军选择了诺曼底海岸，并对它进行了细致的研究。在1943年8月举行的魁北克会议上，罗斯福、丘吉尔和加拿大首相麦肯齐·金[②]同意了在诺曼底实施登陆的作战计划。集合登陆艇将使登陆行动延期至6

---

① 艾森豪威尔的昵称，在“二战”中，士兵都称呼他为艾克。

② 麦肯齐·金（Mackenzie King，1874—1950），加拿大第11、13、15任总理。

月，而登陆部队将达到 100 万人。登陆部队在英国南部集结，准备工作做得十分充分。盟军甚至对海滩沙地的特性都做了特别的研究，这样，在登陆开始后，盟军的坦克就能借助特制的席子通过沼泽地带。为了在诺曼底海滩装卸物资，盟军需要人工搭建两个港口。港口的部件需要从英国运来，再在诺曼底海滩组装。此外，盟军还需要在英吉利海峡底部铺设一条输油管道。在判断盟军登陆点的问题上，德国人完全被愚弄了。盟军识别了大量的德国间谍，并且利用他们来传递虚假的信息。最后，德国人认为盟军登陆诺曼底仅仅是一个幌子，真正的进攻地点在加莱。在德军这边，这次防御战的指挥官是隆美尔，他指挥德军为这次行动做了大量的准备工作。他们在海滩的高潮位设置了大量的钢夹和厚重的地堡，将低洼处灌满海水，并且布置了无数的铁丝网。德军在靠近海滩的区域部署了 4 个师的兵力，而且有装甲师作为预备队。但是，德军只在诺曼底区域部署了一个师。开战第一天，这支部队就加入了战斗。阻止德军的预备队非常关键，因为他们在陆地上移动的速度要远远高于在水里航行的盟军（一个师的兵力需要 40 艘标准大小的商船来运送），这就意味着，盟军要密切关注登陆部队在奥恩河[①]（流经卡尔瓦多斯省和卡

① 流经法国西北部的诺曼底地区，注入英吉利海峡。

昂[①]）的东翼。英军将派伞兵占据桥梁，以期阻挡德军的装甲部队。与此同时，盟军将从海上攻击 5 个登陆海滩。

计划赶不上变化，一切都要取决于月球、潮汐和天气的情况。适合登陆的日子每月只有几天。在原定的 6 月 5 日，天气状况十分恶劣。此时，德国人也在休息，隆美尔还去参加生日宴会。随后，一位出色的气象专家预报 6 月 6 日将是一个好天气，于是大规模的登陆作战就在这一天展开了。在登陆前实施的迷惑行动基本发挥了作用，盟军虚设了几个空降师，并用模型制作了假部队，成功地使德国人误判了盟军的登陆地点。法国的抵抗部队也从地面上为盟军提供了极大的帮助。登陆行动从一开始就取得了成功，尽管美军在奥马哈海滩的进展不够顺利。在那里，美军在低处，被德军炮火从高处攻击，遭受了不小的损失，但小队的步兵最终还是成功地突破了防御。尽管没有攻下卡昂，英军的进展也非常顺利。滩头阵地稳固后，盟军搭建了两处人工港口。6 月 19 日，一场大风暴摧毁了其中的一个，但盟军每天仍然可以卸下 9 000 吨补给物资（假如这场风暴 6 月 6 日到来，后果将不堪设想）。盟军的伤亡低于预期（1 万人，丘吉尔担心会有 2 万人），而且滩头阵地也很稳固。出现这一结果或许并不意外，因为盟

---

① 法国西北部城市，位于奥恩河畔。

军建立了 10 比 1 的空中优势，法国抵抗部队也破坏了德军的铁路。当地的德军预备队遭遇了顽强的阻击，而别处的预备队还在很远的地方。此时的德军仍然认为，盟军的主要登陆点是加莱，以至于后来他们不得不整夜骑自行车赶往诺曼底。

随着盟军深入内陆，他们开始遭遇巨大的困难。6 月 18 日，美军向西北方向进军，攻占了瑟堡港。这是一个深水港，但已几乎无法使用。英军（以及加拿大军、波兰军等）不得不穿越一处非常难行的博卡日地区进入内陆，这里到处都是高大的灌木篱墙，而道路非常狭窄，易守难攻。蒙哥马利指挥主要由英军（还有波兰军和加拿大军）组成的第二十一集团军群。在美军尚未建立起由布莱德利所指挥的第十二集团军群之前，蒙哥马利负责整体指挥盟军的进攻行动。由于 6 月 17 日到 22 日间的大风暴，蒙哥马利未能抓住德军军备空虚的机会展开进攻，导致德军最终围绕卡昂部署了强大的军力。盟军多次对卡昂发起攻击，但都无法奏效。直到 7 月底，盟军才最终进入已经成为废墟的卡昂。蒙哥马利的策略是把尽可能多的德军吸引到东部，这样一来，当美军攻下西侧防守薄弱的区域后，美军就能实施包抄，包围德军。这需要时间，不过到了最后，蒙哥马利还是达到了他的目的。他吸引了德军的 7 个装甲师，美军所面对的德军装甲师只有两个。7 月底，美军确实从西侧包抄了德军，同时解放了布列塔尼[①]。德军被包围在了卡昂的南部，他们的指挥官们想要撤退到塞纳河沿线。现在，艾森豪威尔是盟军的最高统帅，他展现了高超的领导艺术，这一点与领导情绪不稳的蒙哥马利相对比尤为明显。

希特勒一心想要发动大规模的反击，现在的他已经很难理性地思考问题。7 月 20 日，他的一位高级军官企图在拉斯滕堡指挥部刺杀希特勒，虽然没有成功，但这次事件对希特勒造成了极大的刺激，留下的后遗症终身未愈。现在，在与希特勒商议军务前，将军们都要通过一台安检机器，同时还要接受搜身检查，配枪也要解下，放进一只托盘中。通过密码破译，盟军得知了希特勒对诺曼底的作战指令。现在，盟军完全掌握了制空权，德军的反攻遭到了失败。此时的盟军已经开始考虑对大量的德军实施围捕。乔治 · 巴顿将军一路东进，几乎没有遇到抵抗。然后，巴顿继续向北进军，直指阿朗松[②]，把德国人围在了一个口袋里。德军继续抵抗，打算从法莱兹（征服者威廉[③]的出生地，他曾于 1066 年率领军队攻入英国）突围。结果在 8 月 21 日，德军仍然有 5 万人被俘。

① 位于法国西北部的布列塔尼半岛，北侧是英吉利海峡，南临比斯开湾。

② 法国西北部城市。

③ 征服者威廉（William the Conqueror，1027—1087），法国诺曼底公爵，1066 年攻入英国，成为英国国王（1066—1087）。

这是一场决定性的战役，在3天后的8月24日，盟军解放了巴黎。8月15日，盟军开始从南部进攻法国，这一行动不是很有必要。一路上，盟军没有遭遇任何抵抗。到了9月，包括法国军队在内的7支军队已经基本抵达德国边界。盟军补给充分，而且自7月份以来，盟军在兵力和坦克数量上都占据着极大的优势（坦克数量的优势为4比1），空军的优势更加明显。到目前为止，盟军伤亡24万名士兵（其中3.6万人死亡），4 000辆坦克被毁；在法国的德军伤亡30万人，其中2/3被俘，另有2 000辆坦克被毁，只剩120辆坦克退到了塞纳河的另一边。德国空军已经无力影响战局，上一年，德国制造的飞机在数量上仅仅相当于盟国的1/6。

盟军在意大利还保留有相当数量的部队，丘吉尔想让他们发挥更大的作用。或许，他们能阻止苏联军队进入中欧，减少共产主义势力对地中海地区的影响。盟军的进展十分缓慢，将军们爱慕虚荣，总司令哈罗德·亚历山大①爵士也过分礼貌。此外，德军也罕见地雇用了一个哥萨克②师和一个土库曼师。8月下旬，盟军对哥特防线发起了攻击。9月中旬，盟军逼近了伦巴第平原。然而就在这时，天上下起了大雨，导

① 哈罗德·亚历山大（Harold Alexander，1891—1969），英军将领，1944年底晋升为陆军元帅。

② 生活在东欧大草原的游牧社群。

致山体崩塌，河流汹涌。盟军的进展极为缓慢。德军重组了意大利傀儡政权的军队，但意大利游击队有可能在盟军到达前夺取意大利的政权。这种情况一直持续到1945年4月，就在德军将领与盟军代表签订投降协议前10天，墨索里尼的尸体被倒吊在米兰的一间车库外面。杀死墨索里尼的意大利游击队是共产主义者，他们完全可以在当时当地取代墨索里尼，掌握权力。然而，斯大林坚决要求他们的领导人帕尔米罗·陶里亚蒂[①]与西线盟军及其提名人合作。此刻，随着德军的E集团军群退往克罗地亚和的里雅斯特[②]，英国人和苏联人实际上已经占据了巴尔干半岛属于各自的部分。

与西线的战况一样，德军在东线也遭遇了同样的溃败。苏联红军现在有大量的部队可以调遣。他们与西部的盟军协调一致，在诺曼底登陆的同时对德军展开了大规模的进攻。这次行动的代号为“巴格拉季翁”，它是拿破仑时代一位俄国将军的名字。6月23日，苏联红军对德军的中央集团军群发起了攻击。为了守住第聂伯河与西德维纳河之间的大陆桥，德军的中央集团军群正驻守在斯摩棱斯克以西的暴露位置，同时也与在波罗的海地区遭遇困境的北方集团军群取得联系。

---

① 帕尔米罗·陶里亚蒂（Palmiro Togliatti，1893—1964），意大利共产党创始人之一，前意大利共产党总书记。

② 意大利东北部港口城市。

在此之前，德军的中央集团军群已经将一部分坦克派往了西线战场，也抽调了大量飞机去保护德国的城市。此时的苏军已经能熟练运用“伪装”战术，使用各种计策在兵力部署和进攻方向上迷惑德军。而且，由于德国已经被迫放弃了敖德萨，德军在南部的战线也面临着严重的威胁，罗马尼亚也不例外。8 月下旬，在巨大的压力下，罗马尼亚国王效仿一年前意大利国王逮捕墨索里尼的做法逮捕了自己的总理扬·安东内斯库[①]元帅。随后，罗马尼亚成了苏联的盟友。希特勒低估了德军中央集团军群对面的苏军的危险，他已经把中央集团军群 1/3 的火炮和几乎所有的坦克调到了南方，他认为苏军将在那里发动进攻。曼施坦因所率领的装甲集团军在罗马尼亚边界大显身手，但与此同时，德军中央集团军群的力量却遭到了削弱。在对德军中央集团军群的进攻中，苏军投入了 4 个集团军群。同时，苏军也对德军的北乌克兰集团军群发起了大规模的攻击。在南面，苏军的矛头指向了波兰东南部的主要城市利沃夫。此外，苏联游击队也在森林中炸毁铁轨，同时攻击分散的德军部队。在这场战役中，苏联投入了 170 万兵力、2.4 万门火炮、4 000 辆坦克和 6 000 架飞机，而德军

① 扬·安东内斯库（Ion Antonescu，1882—1946），罗马尼亚军将领、政治家，“二战”期间任罗马尼亚总理（1940—1944），实行独裁统治。

只有 80 万人、9 500 门火炮、500 辆坦克和 800 架飞机。不过，德军的优势在于他们经营已久的坚固防线。6 月 23 日，苏军大举进攻，首先是一轮压倒性的大规模轰炸，使德军的防线几乎崩溃。在北部，苏军的波罗的海沿岸第一方面军跨过了西德维纳河，并于 6 月 25 日在维捷布斯克围住了一支 3 万人的德军部队。两天后，该城陷落。另外，苏军的白俄罗斯第三方面军沿莫斯科通往明斯克的公路攻克奥尔沙，直抵别列津纳河。1812 年，拿破仑的军队曾经在这里遭遇惨败。现在，两支德军也被苏联人围困在这里，因为在南部，一支强大的苏军已经在莫吉廖夫[①]附近跨过了第聂伯河。到 6 月 27 日，这两支德军已经被苏军包围在了巴布鲁伊斯克[②]以东的一个口袋里，并不断遭到轰炸。最后，尽管德军第九集团军的一部成功突围，但德军仍然有 7 万人阵亡或被俘。此役过后，苏军的下一个目标就指向了明斯克。3 年前，苏军曾经在这里溃不成军。6 月 28 日，苏军白俄罗斯第三方面军已经开始跨越别列津纳河。在南部，苏军的白俄罗斯第一方面军也来势汹汹。7 月 4 日，苏军部队在明斯克西侧会合，把德军的第四集团军整个儿围在了明斯克。随后，德军的中央集团军群遭到

① 位于白俄罗斯东部。

② 白俄罗斯城市。

了毁灭性的打击。德军一共损失了25个师，约30万人，这可能是德军有史以来最惨重的一次失败。在接下来的几个星期里，德军又损失了10万人。此刻，在莫斯科市中心，为了庆祝斯大林的胜利，9万德军战俘和包括4名军长在内的22名德国将军被游街示众。在这当中，很多人被吓得大便失禁。事后，这些俘虏经过的所有街道都被专门清洗了一遍。然而接下来，德军的战斗力得到了迅速的恢复。

明斯克战役失败后，德军的优秀指挥官瓦尔特·莫德尔取代了对希特勒唯命是从的恩斯特·冯·布施[①]，成为德军中央集团军群的指挥官。莫德尔以惊人的效率把部队重新整合在一起，并且与在波罗的海地区面临困境的北方集团军群重新建立起了联系。到7月底，德军成功地守住了拉脱维亚的里加市。8月，德军甚至能够在维尔纽斯（7月8日陷落）附近发起反击。作为东欧犹太人的精神家园，同时也是天主教的巴洛克艺术殿堂，在“二战”爆发之前，维尔纽斯这座历史名城已经在波兰人的统治下走过了20年的光阴。此时，为了赶在苏军到来之前夺取这座城市，年轻的波兰人发起了反抗，结果却遭到了德国人的屠杀。苏军占领维尔纽斯后，这些波兰人又遭到了苏联人的屠杀。与此同时，苏军在南部发起了

① 恩斯特·冯·布施（Ernst von Busch，1885—1945），德军将领，1943年晋升为陆军元帅。

进攻。经过两天的战斗，苏军于7月27日攻陷了比亚韦斯托克，苏军也曾在这里遭遇惨败。从7月18日到8月2日，苏军在康斯坦丁·罗科索夫斯基率领下逐渐逼近华沙。7月21日，苏军抵达布格河，并于8月2日夺取了维斯图拉河对岸的桥头堡。

这时，华沙城里发生了暴动。在暴动发生前，波兰抵抗军进行了充分的准备，而且纳粹德国占领军虽然一开始非常残暴，但后来就开始麻痹大意，他们甚至在一定程度上同情信仰天主教的波兰人。这次暴动看起来是可以成功的，因为德国人已经在打点行装，苏联人也逼近了位于维斯图拉河东岸的华沙东郊。抢在苏联人前面夺取华沙具有重要的象征性意义，如同戴高乐抢在共产党前面夺取巴黎一样。然而，德军对暴动进行了血腥的镇压，他们也使用了憎恨波兰人的乌克兰军队和波罗的海国家的军队。华沙近半被德军炸毁，暴动也归于失败。后来，德军坚守华沙，直到1945年1月。面对华沙城内的暴动，苏军借口补给线需要加强，坐视德军发动反扑。而且，他们甚至拒绝为帮助波兰人的英军飞机提供降落地点。事实上，斯大林乐于见到纳粹镇压波兰人（1940年，斯大林曾在卡廷森林等地屠杀1.5万名波兰人）。伦敦的波兰流亡政府犯了错误，它夸大了英军的力量，并且拒绝在边界问题上向苏联做出任何让步。捷克人的做法与此不同，他们同莫斯科达成了协议，在东部割了一个省给苏联，后来捷克斯洛伐克复国，苏军便立即撤了出去。尽管共产党在 1948 年夺取了捷克斯洛伐克的政权，但是这与苏军占领波兰，直接扶植共产党政权的做法还是有所不同。不管怎么说，华沙的暴动失败了。解放后，整个城市满目疮痍，瓦砾遍地，只有外国使馆区和盖世太保占据的布里斯托尔酒店仍然完好。看到这番惨状，一些波兰知识界人士不禁把目光投向了东方，探寻启示。与波兰人相比，为什么苏联人反而更为成功？

此时，德国的盟友也开始一个接一个地退出战争。年轻的罗马尼亚国王不得不逮捕他信仰法西斯主义的总理，随后与盟军停战，接着又向德国宣战。与罗马尼亚相比，保加利亚的处境也没有什么不同。一时间，它发现自己竟然与几乎所有的国家为敌，于是转投了盟军的阵营。芬兰的情况与捷克斯洛伐克相似，芬兰一直与莫斯科保持着联系，并且审慎地与德国保持距离，最后作为中立国生存了下来。匈牙利也做了同样的努力，但是最终没能成功。匈牙利的精英阶层是亲英派，于是没有与莫斯科保持任何形式的联系。当匈牙利政府试图退出“二战”时，它随即被党卫军政变所推翻。现在，苏联人的目标就是德国本身了。11 月，伊万 · 切尔尼亚霍夫斯基[1]所率领的白俄罗斯第三方面军成功攻入东普鲁士，并对一个德国村庄采取了行动（这次行动成了德国宣扬苏军暴行，激发抵抗的展示品。后来，东线德军抵抗的顽强程度要远远大于西线德军）。稍作停留后，伊万·切尔尼亚霍夫斯基的大军随后指向了波罗的海地区东南部的哥尼斯堡[2]和默默尔[3]。罗科索夫斯基从华沙逼近但泽，一心想包围整个东普鲁士地区。此时，恐慌已经开始在德国东部蔓延。

---

① 伊万·切尔尼亚霍夫斯基（Ivan Chernyakhovsky，1906—1945），苏军将领，1944年晋升为大将。

② 即今天的加里宁格勒，俄罗斯西北部港口城市。

③ 即今天的克莱佩达，立陶宛西部港口城市。

结　局

美国纽约时代广场，人们庆祝“二战”结束

如今，德国和日本已经被两只巨大的老虎钳给钳住了。德国正在遭受猛烈的空中打击，截至 1944 年 12 月，德国的能源和交通设施都遭到了巨大的破坏；而日本则要面对不断聚集的部队和庞大的舰队。显然，投降是两国统治者最好的选择，但是，这两个国家都已经被疯狂的幻象所蒙蔽。日本人相信，日本是永不会失败的，奇迹终将使日本获得拯救。德国人也继续战斗，因为他们被没完没了的轰炸炸昏了头。而且他们非常清楚，一旦苏军如潮的进攻抵达易北河一线，德国就完了。就在帝国行将覆灭之时，希特勒的死忠者仍然控制着局势，希特勒也枪毙了试图逃跑的妹夫[①]。“失败”和“投降”似乎并不包含在日本的帝国话语中，日本最后投降时，日本天皇只是说战局并未好转。

德军仍然有能力发动孤注一掷的进攻。在 1944 年的最后

① 即赫尔曼·费格莱因（Hermann Fegelein，1906—1945），德军将领，娶了希特勒的妻子爱娃的妹妹。

3 个月里，德军获得了喘息的机会。波美拉尼亚地区的合成汽油工厂仍然在运转。到 1944 年 10 月，西线盟军已经基本抵达莱茵河一线，并且继续在向亚琛和斯特拉斯堡缓慢推进。遭遇饥荒的荷兰仍然处在德军的控制之下，丹麦和挪威也是如此。中欧地区继续笼罩在法西斯政权的统治之下。在克罗地亚的首都萨格勒布市，一位名叫约瑟普·霍瓦特①的作家出版了他在这个时期写下的日记。在 1918 年苏德两国签署《布列斯特–立托夫斯克条约》时，他是奥匈帝国的代表。在日记中，他描写了克罗地亚独立国②的各类奇异现象：运送牛奶的路线被游击队切断；刮胡刀严重缺乏；天上飞着各种型号的飞机，它们要去轰炸布达佩斯、维也纳和慕尼黑。年迈的理查德·施特劳斯望着窗外的残垣断壁，那里已经不再是 1914 年前那个繁华鼎盛的慕尼黑。于是，他创作了几乎可以充作德国挽歌的《变形曲》(*Metamorphosen*)。为这段历史创造音乐作品的还有另一位理查德以及他的孙辈们。理查德·瓦格纳家族一直与希特勒颇有交情。瓦格纳的两个孙辈威兰（Wieland）和沃尔夫冈（Wolfgang）只有十几岁的时候，称呼希特勒为“狼叔叔”。（战后，两人复兴了瓦格纳的拜罗伊特③歌剧节。）1939

---

① 约瑟普·霍瓦特（Josip Horvat），克罗地亚作家。

② 1941 年，轴心国入侵南斯拉夫，并在那里建立了傀儡政权“克罗地亚独立国”。

③ 德国巴伐利亚州城市。

年，在希特勒 50 岁生日的时候，瓦格纳一家曾经把瓦格纳最后一部音乐剧的乐谱原稿赠送给了希特勒。这部音乐剧名叫《帕西法尔》（*Parsifal*），在瓦格纳的所有作品当中，希特勒最喜欢这一部。然而现在，6 年过去了，他们想向希特勒索要这部乐稿，以免落入苏联人的手中。于是，威兰赶到柏林，劝说希特勒把乐稿还给了他。不知是否是上天的安排，伟大的德国和奥地利管弦乐团在他们的最后一场音乐会中演奏了瓦格纳的乐曲，但他们本没有必要这么做，因为有人已经把瓦格纳的音乐剧演出来了，尽管演技要差些。希特勒不像齐格弗里德[①]，爱娃·布劳恩[②]也不是布伦希尔德[③]。为了爱娃的安全，希特勒曾让她待在德国南部，但她还是设法在苏军到来之前飞到了柏林。她说，她和希特勒已经相处了这么久，希特勒却还没有娶她，这将是极大的耻辱，历史只会把她判作希特勒的情妇。于是，二人举行了婚礼，然后双双自杀。德意志第三帝国就这样画上了句号。

盟军在西线的进展极为缓慢，原因可能在于，除蒙哥马利之外，每个人都本能地意识到，德国即将陷落，此时再搞英雄主义是没有意义的。9 月，盟军在荷兰的阿纳姆地区遭遇

---

① 德国中世纪史诗《尼伯龙根之歌》中的英雄人物。

② 爱娃·布劳恩（Eva Braun，1912—1945），希特勒女友，两人在自杀前结婚。

③ 德国中世纪史诗《尼伯龙根之歌》中的女王。

了意外的情况。9 月 17 日，英军的一个空降师在阿纳姆实施伞降，意图夺取河道系统上的桥梁。3 个多世纪前，西班牙军队就栽在了这里。然而，盟军的运气不够好，他们遇到了德军在诺曼底战役后重新组建的坦克军团。希特勒的“救火队员”瓦尔特·莫德尔被从东线战场调来守卫阿纳姆大桥，他让英军在一整个冬天里都毫无作为，最多只是让他们在付出巨大代价后把战线向前微微挪动一点。从 9 月到 12 月，另一支盟军也慢慢地压了过来，把矛头指向了亚琛和许特根森林。这一次，他们的对手仍然是莫德尔。莫德尔是一位能力极强的指挥官，同时也是德军将领里最粗鲁无礼的人。在随后的战斗中，盟军伤亡 3.3 万人。亚琛陷落，成为德国第一个被攻占的城市。但是，盟军的进展仍然十分缓慢。看到英美联军如此笨拙，希特勒开始计划对他们实施反击。他是否能突然夺取盟军的安特卫普[①]港，接着把他们赶出比利时？然后，比利时人会要求和德国人一起与苏联人战斗吗？在当时的情况下，德军的反击确实冒了相当大的风险。德军动用了最后的战略预备队，在苏联人即将逼近布达佩斯的时候，莫德尔在比利时的东南部发起了进攻。在大约 5 年前，德军在这里曾经摧枯拉朽，不可一世。此时的德军使用缴获的车辆和油料

① 比利时西北部港口城市。

发起进攻（就像隆美尔 1942 年攻占图卜鲁格后所做的那样），并且成功地把战线向前推动了一些。但是，德军做得有些过头了，因为盟军即使进攻打不好，他们也是能组织起有力防御的，而且一旦天气好转，盟军的空中力量就足以对付拥堵在道路上的德军部队。到 1944 年的圣诞节，德军的进攻已经无力继续，并最终于 1945 年 1 月 8 日停止。随后，英美联军继续向前推进。3 月中旬，美国人夺取了科隆南部、横跨莱茵河的鲁登道夫铁路桥，英国人和加拿大人也逼近了汉堡。莫德尔集团军群的残部也被包围在了鲁尔工业区。现在的问题是，鲁尔工业区会像希特勒所命令的那样被炸掉吗？有远见的德国人违抗了这道命令，莫德尔就是这么做的。但是他不能投降，于是他就地解散了部队，并且饮弹自尽。

此后，西线盟军一路向前，几天后就到达了一个萨克森小镇，并在那里遇到了苏军士兵。第二天，也就是 4 月 25 日，西线盟军与苏军在托尔高附近的易北河胜利会师（讽刺的是，希特勒的代表乐曲正是《托尔高进行曲》）。后来有争论认为，西线盟军本应首先抵达柏林。为什么他们让斯大林第一个攻进去了呢？这一争论的起点实际上源自 1943 年。当时，英军陷在了北非和意大利战场，所以没有进攻法国。然而，苏联人也会问，为什么苏军没有首先抵达鲁尔工业区？如果是那样，苏联未来的经济就会从中获得很大的好处。可是，西线盟军却抢先掌握了那里的重要工业。正是因为鲁尔工业区，战后的联邦德国才迅速恢复成为世界级的经济体，并且加入了北大西洋公约组织。苏联的将军们争辩说，这是因为斯大林痴迷于在波罗的海沿岸围困希特勒留在那里的德军（最大的包围圈在拉脱维亚），导致苏军贻误了战机。不过，德军确实在东线战场进行了疯狂的抵抗。唯一的解释只能是，他们知道被苏军俘虏后将得到怎样的对待。

希特勒已经下令不可以撤退，他命令德军必须守住现在的阵地，就像1941年年末到1942年年初他所要求的那样。大批苏军部队已经在波罗的海沿岸和东普鲁士地区埋伏了很长时间。随后，苏军在南部遇到了麻烦。布达佩斯是中欧的主要城市之一，穿城而过的多瑙河是苏军前进的主要障碍。后来，苏军把布达佩斯围困了6个星期。在德军“守到最后一条壕沟”的抵抗下，位于西岸的布达[①]大部被毁，并于2月失守。墨索里尼的死讯（墨索里尼死于4月28日）传到希特勒耳中时，苏军已经推进到了柏林市郊。在1944年底到1945年初的冬天，苏军主要进攻巴尔干地区，他们已经在10月份攻下了贝尔格莱德[②]。此前，苏军受到了希特勒留在北方的德军

① 今天的布达佩斯由两座城市合并而成，布达位于西岸，佩斯位于东岸。

② 塞尔维亚首都。

部队的阻挡，现在，他们要进一步进攻波兰。苏军向维斯图拉河沿线发起了大规模的攻势。这一次，他们仍然小心地部署兵力，以求达到出其不意的攻击效果。希特勒已经任命希姆莱为这一地区的德军集团军群的指挥官。而且，纳粹党卫军此时已经发展到百万之众（其中有很多外国志愿者）。但是，苏军部队是不会停下脚步的。他们每天向前推进 30 多千米，很快就攻入了东普鲁士。当他们攻入埃尔宾[①]和马莫诺沃的时候，城里的电车竟然还在行驶。

截至 2 月 24 日，德军所有的反击都以失败告终。苏军抵达奥得河[②]，再往西 80 千米就是柏林了。在苏军面前，几十万难民正在冰天雪地中艰难地前行，放眼望去，到处都是推着满载家当小车的家庭。他们一心想穿过冰冻的湖泊，到达奥得河对岸，甚至遥远的海边。一些德国文学作品写到了这段历史。在《一位东普鲁士老人的回忆》（*Recollections of an Old East Prussian*）中，亚历山大・多纳–施洛比滕[③]写道，在斯大林格勒战役中，因为他有 6 个孩子，所以才获准乘飞机撤离战场。回到故乡后，他带领他的工人们离开家族久居的施

---

① 即今天的埃尔布隆格。

② 东欧重要河流，发源于捷克东北部，注入波罗的海，部分河道是今天德国和波兰的国界线。

③ 亚历山大・多纳–施洛比滕（Alexander Fü zu Dohna-Schlobitten, 1899—1997），德国作家，曾参加两次世界大战。

洛比滕庄园，穿越森林，去往相对安全的德国西部地区。亚当·冯·瓦茨多夫等人所写的《图林根贵族》（*The Book of the Thuringian Nobility*）描写了另一段艰难的旅程。书中，一群英国战俘离开波兰西里西亚地区的集中营，沿途，热心的庄园主拿出热土豆给他们吃。另外，几千名德语居民、德国士兵和纳粹官员逃到了位于波罗的海的一艘名为“古斯特洛夫”号的德国邮船上，结果被苏联潜艇击沉，9 000 人葬身大海，成了有史以来最大的海难。到 3 月中旬，苏军已经推进至西里西亚和波美拉尼亚地区，他们已经攻陷萨格勒布，很快又将夺取维也纳（4 月 13 日）。与此同时，盟军也不断对柏林进行空袭。在 4 月 14 日的一次空袭当中，英国皇家空军轰炸了波茨坦，摧毁了包括古老的加里森教堂在内的一大批历史建筑。2 月中旬，为了配合苏军进攻，英国皇家空军轰炸了德累斯顿，破坏了那里的铁路系统（不过很快又得到恢复）。这一事件引发了很多的争议，丘吉尔也表示反对，说这次行动摧毁了“易北河上的佛罗伦萨”。不过，他的这番话逃不过伪善的指控，因为丘吉尔本人就是区域轰炸[①]的大力支持者。英国皇家空军对柏林的轰炸一直持续到 4 月 20 日，这一天是希特勒的生日。

---

① 对一片区域进行的整体轰炸，不分具体目标。

在当年的照片里，希特勒虽然刚满 56 岁，但是看上去已经显得很苍老了，他正在拍一个刚刚参军的年轻人的脸颊。年轻人是德累斯顿的一个孤儿，身上的军装明显大得不合身。4 月 9 日，已经大部成为废墟的哥尼斯堡放弃了抵抗，朱可夫于是可以集中兵力对付挡在柏林前面的最后一个障碍——塞洛高地。此时，罗科索夫斯基和科涅夫[①]的大军也分别从北侧和南侧逼近柏林。苏联的大军总共有 250 万名士兵、6 250 辆坦克、7 500 架飞机和超过 4 万门火炮（包括装载在卡车上的“喀秋莎”火箭炮，每门炮可以发射很多枚火箭弹）。在塞洛高地，德军进行了殊死的抵抗，但是到了 4 月 19 日，德军还是招架不住，败下阵来。苏军尽管付出了高昂的代价，3 万人阵亡，近 3 000 辆坦克被击毁，但他们还是成功地包围了柏林。4 月 22 日，得知从西里西亚等地获得救援已经没有可能，希特勒怒不可遏，他表示要坚守柏林到最后一刻，然后自杀。在苏军一刻不停的轰炸下，柏林居民想尽办法在城里躲避炮火，而 5 万名德国士兵、4 万名年老的地方自卫队士兵、十几岁的年轻人和一些来自国外的党卫军士兵（包括 20 多名英国人，他们外套的袖口上还缝着一小块英国国旗）则继续抵抗。

---

① 伊万·斯捷潘诺维奇·科涅夫（Ivan Stepanovich Konev，1897—1973），苏军将领，擅长指挥大兵团实施进攻作战，1944 年晋升为元帅。

激烈的战斗从柏林外围打到哈弗尔河一线的各个桥梁，再沿着柏林市内的主要大街推进到火车站和各个著名建筑，包括国会大厦。奇怪的是，作为俾斯麦凯旋标志的胜利纪念柱却没有被摧毁，同样，用以夸耀胜利的旧时勃兰登堡统治者的半身像也没有被破坏。不过，到了 4 月底，苏联人已经进入了柏林的核心区域。

4 月 30 日，希特勒走到了他人生的最后时刻。这天凌晨，他与爱娃举行了婚礼，身着白色制服的仆人们向众人分发了三明治和加气葡萄酒。婚礼的主持人是临时从旁观者里找出来的，只因他是一名公务员。这名柏林市潘科区负责垃圾收集的副职官员郑重地向新婚夫妇发问："你们是雅利安血统吗？"吃过素食的婚礼早餐，两人双双自杀。随后的尸体处理极为仓促，最后，两人的尸体连同一条大狗和几条小狗一起被草草地装进了几只箱子。这些狗是用来试验毒药的药效的，因为没有人相信纳粹党卫军医生所提供的氰化物是有效的（狗的训练师不久后发疯了）。得知希特勒死后，总理府里的办公人员开始播放爵士乐，点燃香烟，这些都是希特勒生前严令禁止的行为。几十万德军俘虏开赴苏联，很多人再也没有回来（在希特勒藏身地堡里的人直到 1955 年才被放归，他们遭受了严刑拷打，因为苏联负责安全工作的拉夫连季·贝利亚[①]不确定希特勒是否真的已经自杀）。5月7日，德国在法国兰斯签署无条件投降书，第二天在柏林近郊再次向包括苏联在内的所有同盟国成员正式投降。一身疲惫的丘吉尔迅速赶到了希特勒的地堡。但是，与1918年的停战一样，第三帝国的末日并不是一个能够狂欢的时刻。在战争当中，多达7 000万人丧生，欧洲和亚洲的大部分地区都遭到了全面的破坏。奇怪的是，德国人虽然疯狂地奋战到了最后一刻，战后却几乎没有了反抗的意识。德国人已经从心底里认输了，当反映集中营的新闻影片在影院里向他们（强制）放映时，他们甚至少有辩解，仅有的几次看似严肃的辩护反而出自同盟国阵营的国家。在战后的几年当中，1 200万德语居民逃到了德国西部，其中约有1/4因体力不支、饥饿、疾病或暴力伤害而死亡。他们当中有来自捷克和西里西亚的农场主家庭，这些民众甚至没有投过纳粹党的票，却被驱逐出自己的农场。因为，公共场所已经张贴了驱逐他们的招贴画，上面写着纳粹曾经用来驱逐犹太人的话语："所有日耳曼人，不论年龄和性别，都到广场集合。"每人只许提一只箱子，然后被驱逐到某个已经成

① 拉夫连季·贝利亚（Lavrenty Beria，1899—1953），苏共高级领导人，苏联秘密警察机构内务人民委员部负责人，斯大林大清洗计划主要执行者之一。

为废墟的德国城镇。当时，这就是“回到家乡德国”的悲伤之旅，而此时的德国已经缩小了很多。此后，联邦德国踏上了漫长的和解之旅，并最终取得了有目共睹的成绩。

让盟国感到异常恼怒的是，看到希特勒的末日，日本人并没有吸取教训、放弃挣扎。尽管在塞班岛的争夺中，日本让美国付出了巨大的代价，但美国的飞机现在已经能飞临日本本土的上空。在南面，麦克阿瑟也再次向菲律宾群岛挺近。在 1944 年下半年，美军已经推进到了可以起飞轰炸机轰炸日本城市的地域。在 10 月的莱特湾[①]海战中，日军和美军投入了众多的巨型舰只，日本也开始使用一种破坏力极强的新式武器——神风特攻队的自杀式攻击。罗斯福已经授权麦克阿瑟全力夺取菲律宾群岛，斩断日军的补给线，但是美国海军的指挥官切斯特·尼米兹有自己的见解。他派航空母舰攻打中国台湾，吸引了日军飞机前去作战，在 3 天的战斗里，美军击落了 600 架日机，导致日本空军对莱特湾的掩护减弱。在莱特湾海战中，日本海军的战列舰和航空母舰损失惨重。10 月 20 日，美军在莱特岛登陆，大致清除了上面的日军，然后进逼菲律宾群岛中最大的岛屿——吕宋岛。1945 年 1 月，美军进一步向菲律宾城市马尼拉进发。美军在菲律宾投入的兵

① 菲律宾东部海湾。

力超过了它在北非或意大利所投入的兵力，战况极为惨烈。吕宋岛的25万日本守军几乎全部阵亡，直到战争结束，其残部仍然不愿停止已经毫无意义的战斗。在菲律宾群岛的主要岛屿棉兰老岛[①]，日军的抵抗一直持续到了8月15日。1945年上半年，英国和印度军队展开“吸血鬼”计划，在夜间突然实施两栖登陆，解放了缅甸。但实际上，日军只是撤离了那里。在缅甸战役中，日军阵亡约15万人。在不到2 000人的日军俘虏当中，仍然具有作战能力的只有400人。如果日本士兵这样战斗下去，战争就无望以理性的方式结束。

此时，美军已经看得到日本本土的南部岛屿。2月，美军攻克硫黄岛，随后在5月到6月间攻下了冲绳群岛。在冲绳岛战役的一次战斗中，日军神风特攻队的飞行员实施自杀性攻击，使美国海军遭受了巨大的损失，导致美军阵亡5 000人，数十艘舰船沉没或受损。在冲绳岛的防御战当中，日军的准备极为充分，11.7万名日军死守阵地，最后几乎全部阵亡。这是一种集体的疯狂，结果只能让美国人结束战争的决心更加坚定。与此同时，日本的战时经济也濒临崩溃。美军潜艇击沉大量日本商船，对日本的工业生产造成了毁灭性的打击。1944年10月，日本的石油已经几乎耗尽，日本最大的战列舰

① 菲律宾东南部岛屿。

大和号奔赴冲绳海域时，它所装载的油料仅有400吨，只填满了油箱的1/10。美国海军的海上封锁本来可以继续进行，这样就可以在不需侵入日本本土的前提下摧毁这个国家。然而，美国陆军航空兵却一心想通过轰炸行动来使日本屈服。但是，美军的B-29轰炸机起初无法全面发挥威力。这种飞机极为复杂，而且装备了机枪无法穿透的装甲，但是，在历经了一年左右的事故和战术错误后（同时，关岛机场也已建成），它们的威力才得以在李梅[①]将军的指挥下发挥出来。

当日军所俘虏的战俘得到释放时，日本在这场战争中的表现便更加清晰地显现了出来。这些战俘的死亡率高达1/3，而落入德国人之手的美军和英军俘虏的死亡率只有5%。在菲律宾获得解放之际，日军对他们所轻视的当地居民进行了大屠杀。在新加坡和印度尼西亚，当地的居民（尤其是华人）也遭受了日军的残酷对待。日军在中国的暴行得到了详细的记录。鉴于当时的情形，中国军民的死亡数字无法精确统计，据估计为1 600万至2 000万人，几乎与苏联等同。但是这一数字并不包含20世纪30年代的死亡数字，20世纪30年代，中国几乎总是处于战乱之中。美军占领冲绳群岛后，日本仍

---

① 柯蒂斯·李梅（Curtis LeMay，1906—1990），美军空军将领，1951年晋升为空军四星上将。

然没有显示出正视现实、放弃挣扎的迹象。1945 年 7 月 17 日到 8 月 2 日，苏联、美国和英国在波茨坦开会，其间敦促日本早日投降。欧战结束后，盟军开始把视线转移到太平洋地区。在 2 月份举行的雅尔塔会议上，苏联曾经承诺在欧战结束后对日宣战。作为回报，斯大林被允许控制易北河以东的欧洲地区。当然，美国人不希望苏联人的势力进入中国，更何况日本，但是他们不愿意独自与日本交战。

斯大林承诺于欧战结束后 3 个月对日宣战。果然，在整整 3 个月之后的 8 月 9 日，苏联军队开始对中国东北地区的日军发起攻击。在 100 万苏军的进攻下，日军的抵抗迅速瓦解。在混乱中，感染瘟疫的老鼠四处逃窜，导致疫病流行。当月，日本还遭受了更为猛烈的攻击，这就是李梅将军所指挥的对日战略轰炸。为了减缓地震的冲击，日本的房屋既轻且小，常以木材和纸张为建筑材料。于是，基于对日本人的普遍仇恨，这些房屋就成了盟军的攻击目标。而且，一旦 B-29 轰炸机具有了可靠的机场和加油、修理基地（位于硫黄岛和冲绳群岛），日本城市就首当其冲地成了美军攻击的目标。而且，与德国不同的是，日本城市没有战斗机和高射炮来提供保护，所以 B-29 轰炸机极少被日军火力击落，大部分损失都源自机械故障、天气和人为原因。在盟军的海运封锁下，日本的工业生产每况愈下。仅在 1945 年 3 月 9 日和 10 日对东京的轰炸中，日本就有约10万人死于轰炸所引发的大火。此外，在“饥饿”行动中，美国从空中对日本的运河和河流施放了大量水雷，导致日本家庭无法获得食物。同样的一幕也曾在德国上演。

现在，日本帝国的末日来临了。8月6日和9日，美军在日本投下了两颗原子弹。说来话长，原子弹与中欧地区有着深厚的渊源，同时也是对轴心国势力的惩罚，因为纳粹反犹运动的几位受害者恰恰就是研制原子弹的关键人物。同时，原子弹也是英国的创新力和美国的工业实力所结出的丰硕果实。此时的日本仍然与苏联保持着联系，日本希望苏联能从中斡旋，提出体面的和平协议。然而，日本仍然认为自己处于强势的地位，对于这一点，就连日本派驻苏联的大使都怒不可遏。与此同时，东京的日军指挥官仍然平静地表示，日本要抵抗到底。7月中旬，美国在新墨西哥州的洛斯阿拉莫斯沙漠地带成功地试验了原子弹。美国总统哈里·杜鲁门（罗斯福总统已于4月突然逝世）是一个十分谨慎的人，他认真地考虑了施放原子弹是否完全符合道德标准的问题。但是不管怎样，他还是下定了决心，授权美国陆军航空兵执行投放原子弹任务。此前，日本的广岛市尚未遭到美军轰炸，于是在8月6日，广岛遭到了原子弹的袭击，成为一片废墟，万人死亡。在这之后，日本人仍然在争吵是否投降，于是，第二颗原子弹投在了长崎市，造成3万人死亡。这时，日本的顽抗分子仍然实施政变，意图阻止日本向盟军投降，但是没有成功，随后全部自杀。8月15日，作为日本的象征性人物，日本天皇向盟军投降，条件是天皇的地位予以保留。美国人同意了，他们也一直在考虑如何对待战败后的日本。9月2日，在东京湾的美国战舰上，日本代表签署了投降文书，麦克阿瑟流露出了得意的神情。

战　后

第一次世界大战在一系列和平协议中正式结束，其中，几份主要的协议签署于停战后的数月之内。这么做是有问题的，因为战后的空气当中仍然弥漫着战时的仇恨意味。而且，在复仇气氛浓重的法国首都所签署的一系列条约也没有使这一仇恨得到丝毫缓解。德国人受到了侮辱，但是在封锁所导致的饥饿之下，德国的新政府[①]不得不接受了和平的条款。于是，新政权从一开始就埋下了隐患。实际上，战争并没有在签订和约的巴黎画上句号，它一直在继续。在俄国，共产主义者取得了政权。在土耳其，民族主义者在共产主义者的协助下打败了协约国（尤其是英国）及其在土耳其培植的势力。1923年，随着《洛桑协议》在日内瓦签署，战争才最终结束。1924年，协约国最终采取行动，使德国融入了全球的经济体系。德国人最大的不满在于要为法国和比利时支付巨额赔款，所有的德国人都认为是赔款拖垮了德国的经济，尤其是造成

① 即魏玛共和国政府。

了严重的通货膨胀。在 1924 年，德国终于迎来了转机，美国借钱给德国来给付对法国的战争赔款，然后法国就能偿还其对英国的债务，继而英国又可以偿还其对美国的债务。1929 年，华尔街发生了严重的股灾，世界经济随即四分五裂，而借钱给德国的荒唐做法也因此而一败涂地。《凡尔赛和约》及其附则的效力持续了大约 10 年，随后，法国开始抛弃凡尔赛体系。其标志之一是，法国于 1930 年开始花费巨资修建马奇诺防线（法国的军事实力因为这一华而不实的巨型工程而大受影响）。

与第一次世界大战相比，第二次世界大战结束后遗留的问题更多。实际上，德国直到 46 年后的 1991 年才签订了真正的和平协议。1944 年夏，“三巨头”在波茨坦会面解决德国问题，然而未能在重大议题上达成一致，他们甚至连德国的东部边界都没能确定。德国政府并没有参与讨论，彼此的讨价还价只是在各个占领国之间进行，法国有时还站在苏联的一边。此后不久，冷战就浮出了水面。冷战爆发的标志性时点或许是 1945 年 11 月，当时，苏联对加入英美两国复兴世界经济的计划表示了拒绝。

两次世界大战的重大区别在于对经济的认识。尽管今天看起来显得难以理解，但是在 1918 年，欧洲的各国政府都在想方设法摧毁邻国的经济。乔治–亨利·苏图[①]在1989年出版的《黄金与血液》(*L'or et le sang*)一书中详细地描述了这一画面。在“一战”结束后的一系列安排当中，这些意图部分地成了现实——尤其在中东地区，一些国家和地区进行了合并；德国给予法国巨额赔款；德国海军和商船遭到没收，英国从中获益；比利时人甚至意图从荷兰手中夺取斯凯尔特河三角洲的一部分，以便促进安特卫普的贸易。在这方面，美国人并不贪婪，但是他们一方面想要从他们所投资的国家获取收益，另一方面却通过关税手段阻止这些国家获利，这是没有见识的做法。在世界经济衰退的背景下，这一做法进一步登峰造极，使美国自身也深受其害，导致2 500万人失业。“二战”过后，美国人终于认清了这一做法的危害，并宣布今后将不再重复同样的错误。当英国人就战时借款与美国人进行协商时，其中一条条款限定了借款的使用范围。美国人花了很大的工夫来迫使英国人做出承诺，以确保英国不会利用美国的援助来促进它与中立国之间的贸易。尽管这一做法使丘吉尔受到了侮辱，但同时也促进了国际的货币合作，也使大西洋两岸的国家开始认识到战后所必须采取的行动和措施。鉴于20世纪30年代所发生的贸易滑坡，导致成百上千万人失

① 乔治–亨利·苏图（Georges-Henri Soutou，1943— ），历史学家，出生于瑞士日内瓦。

业，各国必须在日后杜绝这一情况的发生。国际必须通过某种形式的合作来使货币流动起来，以便在支付方面为贸易提供支持。抱着这一目的，主要的资本主义国家在1944年夏天于美国布雷顿森林召开了会议，并促成了世界银行和国际货币基金组织的建立。这两个组织救了很多国家的急，也使世界经济避免了更大的打击。“二战”结束后，布雷顿森林货币体系的作用并没有维持太久，因为冷战爆发了。原因之一在于，如果一国想从布雷顿森林体系获益，它就得开放自己的金融系统接受检查，而苏联不同意这么做。

此时，德国已经成为苏联人与西方的矛盾焦点。苏联人要求德国赔款，还想拥有苏联占领区的大量工业设备。此外，苏联还得到了德国的火箭专家，并从他们那里获得了用以实现苏联太空计划的技术机密（美国也做了同样的事情，不过德国人更愿意与美国人合作，同时，这些德国人也获得了优厚的回报）。在易北河以东的德国，形势非常糟糕。这一地区不仅经济无法自主，很多集中营还关押着不肯顺从于苏联统治的人。由于英国人控制着德国工业最为发达的鲁尔工业区（美国人所控制的法兰克福周边地区的工业远没有鲁尔工业区发达），莫斯科特别希望与英国合作。英国占领了德国的西北部地区，这里的情形也不容乐观，到处都是损毁的房屋、河道、铁路和工厂。几百万德语居民从东部艰难地来到这里，寻找栖身之处，在多数情况下，他们所找到的也只不过是些残垣断壁。尽管根据英国与苏联签订的协议，英国得在 1950 年之前把德国的机器设备运到苏联，但是他们知道，一旦这一类的赔偿使德国人挨饿，英美两国就得向他们输送食物，而英国自身的粮食也非常紧张。在占领初期，只有极少数的英美人士反对残酷地对待德国人。但是，在占领持续一个月之后，形势出现了变化。美国官方和民众向德国提供了大量的援助包裹。当然，占领区需要有政府进行管理。与文化素质不高的盟军士兵相比，德国人更擅长此道，遭遇纳粹迫害的那些具有民主思想的德国人可以成为政府的管理者。在他们当中，最突出的例证便是康拉德·阿登纳①。1949 年，他以 73 岁高龄担任联邦德国总理，到 1963 年卸任时，他已经 87 岁。在 1946 年的混乱形势中，一个崭新的德国开始出现。这年 9 月，美国国务卿詹姆斯·伯恩斯②在斯图加特③发表了一篇著名的演讲。当时，他对德国各州的州长说："美国政府认为，在适当的安保措施下，德国民众现在已经能在自身事务的管理中担负起主要的责任了。" 1947 年 1 月，英美两国占领区正式合并，于是，更好的交通和贸易政策得以制定并实施。

---

① 康拉德·阿登纳（Konrad Adenauer，1876—1967），联邦德国总理（1949—1963）。
② 詹姆斯·伯恩斯（James Byrnes，1879—1972），美国国务卿（1945—1947）。
③ 德国西南部城市。

这时，一位德国批评家夸张地表示，与英国轰炸机对鲁尔工业区所造成的破坏相比，秉承社会主义观念（在此前进行的选举中，工党的克莱门特·艾德礼[①]战胜了丘吉尔）的英国占领当局对它的破坏更为严重。

改善管理仅仅是出现这一局面的原因之一，它是英美占领当局与德国人展开合作的基点。但是，这样做也是为了应对来自东方的“威胁”。在占领初期，苏联人就在柏林成立了民主政权，这一行动早于英国和美国。柏林政权的核心成员是以瓦尔特·乌布利希[②]为首的德国共产党人，在“二战”期间，他们一直在莫斯科活动。斯大林认为，由于他已经在德国人打败沙皇的地方打败了希特勒，所以出于对这一成就的钦佩，德国人应该会为德国共产党投票。但是，这种情况不仅没有发生，还与斯大林的估计相差甚远。在这种情况下，苏联以恐吓与勒索相威胁，在1946年的复活节强力推动了德国社会民主党与共产党的合并，组建了新的德国统一社会党。该党依旧通过惯常的方式统治民主德国。另一方面，在当时，德国东部的民众或多或少还是获得了一些粮食。相比1947年的1到4月，德国西部遭遇了一个充斥了饥饿与酷寒的冬天。

---

① 克莱门特·艾德礼（Clement Attlee，1883—1967），英国首相（1945—1951）。

② 瓦尔特·乌布利希（Walter Ulbricht，1893—1973），德国共产党领导人，曾与德国社会民主党建立反法西斯同盟，后来两党合并成为德国统一社会党。

美国国务卿伯恩斯的继任者是乔治·马歇尔上将，他乘坐火车穿过了共产党极有可能获得政权的法国和已经成为一片废墟、鬼魂遍地的德国，来到了莫斯科。斯大林对马歇尔将军说，他相信共产主义者将控制整个欧洲大陆。美国占领军副司令卢修斯·克莱[①]说："在每天 1 500 卡路里的共产主义者和每天 1 000 卡路里的民主信仰者之间，选择是显而易见的。"当时，斯大林已经通过选举把共产主义的旗帜插到了波兰，不久后，他也会在匈牙利和捷克斯洛伐克如法炮制。为了应对这一形势，1947 年 6 月，马歇尔在哈佛大学宣布，美国将驰援西欧。随后，美国拨款 50 亿美元给欧洲各国，以解他们的燃眉之急。在已经过去的那个严酷的寒冬，欧洲各国的民众已经被推到了生与死的边缘。在马歇尔计划的执行过程中，各种各样的机构被建立了起来，因为就连法国政府也不了解执行马歇尔计划所必需的某些关键统计数据（在一个倡导欧洲经济合作的马歇尔计划组织中，有人发现一名希腊代表在巴黎的办公室伪造数据）。这时，美国占领当局成为联邦德国的代表，并使联邦德国在国际舞台首次亮相（尽管是间接的）。很快，西欧得救了。在这之后，西欧各国把马歇尔计划

① 卢修斯·克莱（Lucius Clay，1897—1978），美国陆军上将，驻德美军指挥官，曾成功指挥向西柏林运送补给品的空运行动。

的援助用于满足各自的需求。德国人重建了他们的基础设施。在1946年和1947年，英国人把90%的美元收入花在了香烟上。此刻，他们把美国的援助主要用作了对外投资（英国的对外投资迅速恢复，但英国的交通状况却在欧洲垫了底）。

美国所坚持的一条要求是，欧洲国家不应通过对汇率的操纵来把援助的资金截留在各自国内，他们应当通过贸易来使这些资金流转起来。这意味着，法国和比利时（当时的比利时是一个工业强国，它还拥有比属刚果的丰富资源）不可以歧视他国，尤其是德国。荷兰经济的半边天一直由对德贸易来支撑，所以在美国人看来，德国经济的复苏就成了当务之急。于是，欧洲支付同盟①成立，用以促进欧洲的贸易，就像国际货币基金组织促进世界贸易一样。1950年，为了维持工业出口的增长，鲁尔工业区开始囤积原材料，导致德国的新货币德国马克面临贬值压力。这时，欧洲支付同盟及时发挥作用，挽救了德国马克。奇怪的是，尽管美国人担心欧洲像美国那样结成一个大市场，可首先提出欧洲货币一体化概念的仍然是美国人。马歇尔计划的一位负责人提出，这种货币应该称为欧洲货币单元。随后，朝鲜战争爆发，马歇尔计划

① 西欧国家的多边清算组织，其成立标志着欧洲货币一体化的开端，1958年为欧洲货币协定所取代。

的援助开始转投重整军备之用。不过在今天，“二战”后太平洋地区的很多金融组织都直接或间接地留存了下来。这些组织有成立于 1947 年旨在促进国际贸易的关贸总协定（GATT），有经济合作与发展组织（OECD），有成立于 1951 年旨在促进煤炭和钢铁联营的欧洲煤钢共同体（ECSC）。特别是在 1949 年 4 月，北大西洋公约组织建立，该组织使各国之间的合作达到了顶峰。不久后，德意志联邦共和国也于 1949 年 5 月正式成立。

“二战”后的联邦德国获得了很大的成功。德国人汲取了魏玛共和国的教训。魏玛共和国的宪法过于冗长，在比例代表制下没完没了地进行选举，最后竟然选出来一个希特勒。现在，新的基本法（实际上就是宪法）非常简短，而且切中肯綮，在中央和地方的关系上保持了良好的平衡，同时也维护了民众的利益，比如保护家庭免受过度征税的危害。德国联邦银行力图阻止德国人第三次经历通货膨胀，有效地使储蓄和投资回归了良性循环的轨道。1955 年，德国的出口早早地超过了英国。在英国，储蓄和投资的循环并没有理顺。此外，奥地利的经济发展也非常不错。战后的德国具有一个非常大的优点，尽管成百上千万的难民曾经经历了不堪回首的恐怖经历，无辜的家庭被迫提着破旧的皮箱离开家园，但他们极少抱怨。来自苏台德地区的德语居民继续过他们的生活，努力获得改善。战后的德国领导人康拉德·阿登纳说，联邦德国最终对民主德国形成了一种磁铁效应，这没有问题，但这种效应所持续的时间之长还是超出了他的预期。时过境迁后，德国人与波兰人、捷克人自然就达成了和解。当然，德国人也在文化和心理上付出了代价，失去了民族自信心，这很可能是长期遭受猛烈轰炸的结果。我用下面的话来附议艾伦·约翰·珀西瓦尔·泰勒[①]：人们不再唱《苏醒的德国》(*Deutschland erwache*)[②]，但是德国人已经被它唤醒。

战后的日本与德国非常相似。一开始，美国对日本的占领非常混乱，日本也像德国一样遭受了两年的贫穷。随后，如同在联邦德国发生的一样，管理上的回归和共产主义的胜利引发了一场反思。1949 年，共产党打赢了中国的国内战争，失败的国民党部队在蒋介石的带领下撤到了中国台湾。这时，美国人制订了一个复兴日本经济的计划，并且获得了巨大的成功，就像联邦德国所发生的一样。经济学家皮耶罗·斯拉法[③]在一生当中只做了两个投资决策。他在 1945 年买入了日本的债券，然后在 1960 年卖出，换成黄金，结果成为一个非常富有的人。

---

① 艾伦·约翰·珀西瓦尔·泰勒（Alan John Percivale Taylor, 1906—1990），英国历史学家。

② 《苏醒的德国》，“二战”德国军歌。

③ 皮耶罗·斯拉法（Piero Sraffa，1898—1983），意大利经济学家。

在战后的几十年当中，社会主义国家的复苏则是非常不同的另一番景象。苏联的复苏一方面得益于来自德国的劳工（莫斯科的很多大型建筑都是由德国战俘修建的）和赔偿物资，一方面也得益于苏联的大规模军备和一直存在的秘密警察（后来演变为克格勃[①]）。但是在农业产出方面，苏联直到 1960 年才超过沙皇统治时期。1949 年，苏联宣布成功爆炸了原子弹，过了一年，朝鲜战争爆发，冷战有可能升级为热战。实际上，朝鲜战争刺激了国际市场对原材料和德国机器的需求，它也使西方的军事经济组织（北约是主要代表）更为稳固，并发挥积极作用。进入 20 世纪 50 年代和 60 年代，德国和日本分别成为国际上举足轻重的国家。这一不同寻常的巨大变化迟早将对各个社会主义国家造成影响。日本，韩国，甚至包括中国台湾（在 1960 年，韩国只能出口假发），连同取得巨大成功的中国都走上了自己的发展轨道。中国的成功促进了苏联的经济发展，但苏联不久后就解体了。这时，德国终于获得了统一。盟军取得胜利的 46 年后，第二次世界大战终于画上了圆满的句号。

① 苏联间谍组织。

致　谢

多年来，我搜集了很多有关“二战”的图书。我最早买到的是艾伦·约翰·珀西瓦尔·泰勒见《前言》所写的《第二次世界大战的起源》和科雷利·巴尼特（Correlli Barnett）所写的《沙漠将军》（*Desert Generals*，1962）。我也很幸运地在多家图书馆读到了更多的书。位于安纳托利亚中心的比尔肯特图书馆建造用时很短，但是对我的帮助却非常大。在英国，伦敦图书馆和剑桥大学图书馆都非常便利，它们让人身心愉悦，受益无穷。我非常感谢这 3 家图书馆的馆员。我还要感谢我的系主任皮纳尔·比尔金（Pinar Bilgin）博士，以及比尔肯特大学的同事们，你们营造了快乐且高效的氛围。感谢图书的出版商，他们是来自 Basic Books 图书出版公司的拉腊·海默特（Lara Heimert）和来自企鹅出版公司的西蒙·温德尔（Simon Winder）。我尤其要感谢亲切友善又博闻多识的编辑诺曼·麦卡菲（Norman MacAfee）。我的儿子鲁珀特·斯通（Rupert Stone）是这本书的第一位读者，能得到你的鼓励，我感到非常高兴。

参考书目

关于“二战”的图书种类非常多，而且不乏精彩之作。其中，我最喜欢的一本是约翰·基根（John Keegan）所写的《第二次世界大战》（*The Second World War*，1990）。这本书对很多军事术语作了解释，比如坦克和飞机的设计等。作者的叙述非常清晰，他用精炼的语言描写了很多发生在陆地、空中和海上的战役或战斗。任何参考书目只如同沧海一粟。约翰·基根把这一数目限定为50本，其中大部分也是我想列入参考书目的。在这一基础上，我想我最好能继续提供50本后来出版的书。在互联网和机器翻译的繁荣发展之下，英语图书已经在数量上具有了压倒性的优势，所以确定这50本书要比预想的更加容易。

13卷本的《德国与第二次世界大战》（*Das Deutsche Reich und der Zweite Weltkrieg*）是一套具有里程碑意义的书籍。1990

年，该书以《德国与第二次世界大战》(*Germany and the Second World War*)为名由牛津大学出版社翻译出版，它的学术性和公正性无可指摘。迈克尔·伯利(Michael Burleigh)所写的《道德之战——第二次世界大战史》(*Moral Combat: A History of World War II*，2010)是广度及深度都比较突出的旧式古典叙述作品。约翰·卢卡奇(John Lukács)所写的《最后的欧洲战争》(*The Last European War*，1976)、《历史中的希特勒》(*The Hitler of History*，1997)和《决斗》(*The Duel*，2001)，描写了丘吉尔与希特勒在1940年夏天的个人冲突与对抗。伊恩·克肖(Ian Kershaw)的两卷本《希特勒》(*Hitler*)(第一卷1998年，第二卷2000年)是写得最好的希特勒传记之一。在英国《卫报》(*The Guardian*)起诉戴维·欧文(David Irving)的时候，我仔细查看了《卫报》所准备的一些资料，我发现克肖的军事与政治知识极为渊博。戴维·欧文所写的《希特勒的战争》(*Hitler's War*，1977)本可以称得上是一本好书，尤其是描写德军进攻斯大林格勒的那一部分，却因为作者声称希特勒不了解犹太人的遭遇而大煞风景。克肖的《致命抉择》(*Fatal Choices*，2008)描写了主要的战略决策。格哈德·魏因贝格(Gerhard Weinberg)的《武装的世界》(*A World at Arms*，2005)是一本非常全面的著作。

对于战争的起因，艾伦·约翰·珀西瓦尔·泰勒在《第二次世界大战的起源》一书中进行了相当有价值的叙述，最初的100多页尤为精彩，这一部分点明了凡尔赛秩序的弱不禁风和荒唐可笑。扎拉·施泰纳（Zara Steiner）所写的《消失的光芒》（*The Lights That Failed*，2005）描写了1933年以前的欧洲世界，比如凡尔赛秩序解体，世界经济开始融为一体。与泰勒相比，作者的态度更为温和。安东尼·比弗的《西班牙内战》（*The Battle for Spain*，2006）写得非常细致，作者运用大量的史料描述了共产主义者在西班牙内战中的隐秘活动。此外，戴维·费伯（David Faber）所写的《慕尼黑》（*Munich*，2008）和乔纳森·哈斯拉姆（Jonathan Haslam）所写的《苏联的冷战》（*Russia's Cold War*，2011）也是不错的书。

朱利安·杰克逊（Julian Jackson）所写的《法国的沦陷》（*The Fall of France*，2003）、卡尔-海因茨·弗里泽尔（Karl-Heinz Frieser）所写的《闪击传奇》（*The Blitzkrieg Legend*，2005）和詹姆斯·霍兰德（James Holland）所写的《不列颠之战》（*The Battle of Britain*，2010）记录了1939年到1941年的多场战役。戴维·埃杰顿（David Edgerton）的《不列颠的战争机器》（*Britain's War Machine*，2011）概要地讲述了英国战时经济的动员。科雷利·巴尼特所写的《战争审查》（*Audit of War*，1986）直到今天都充满了趣味，他讽刺了英国人的装模作样。他的经典之作《沙漠将军》描写了“二战”中的北非战场，他的见解在今天依然显得颇为独到。马克思·黑斯廷斯所写的《轰炸机司令部》（*Bomber Command*，1976）描写了英国皇家空军对德国进行战略轰炸的开端和进程。在这一方面，这本书到目前为止仍然是最好的一本。罗伯特·斯基德尔斯基（Robert Skidelsky）所写的《约翰·梅纳德·凯恩斯——为自由而战》（*John Maynard Keynes: Fighting for Freedom*，2001）已经成为经典之作，作者对战时的财政金融有着深入的见解，他也在作品中讲述了财政部得以继续存在的原因。

如果想了解德国在 1941 年进行的巴巴罗萨计划，你可以读加布里埃尔·戈罗德茨基（Gabriel Gorodetsky）所写的《大欺骗——斯大林与德国入侵苏联》（*Grand Delusion: Stalin and the German Invasion of Russia*，1999）和康斯坦丁·普列沙诺夫（Konstantin Pleshakov）所写的《斯大林的愚蠢——德国入侵苏联秘史》（*Stalin's Folly: The Secret History of the German Invasion of Russia*，2005）。1989 年以来，随着新的档案材料大量解密，东线的战事引起了广泛的关注。克里斯·贝拉米（Chris Bellamy）的《绝对战争——第二次世界大战中的苏联》（*Absolute War: Soviet Russia in the Second World War*，2007）总的来说是一本官方的著作。戴维·格兰斯也出版了一系列著作来表达他对苏联这一段讳莫如深的官方历史的深刻洞见，这些著作有他与乔纳森·豪斯（Jonathan M. House）合著的《奔向斯大林格勒——苏德战斗行动，1942 年 4 月到 8 月》(*To the Gates of Stalingrad: Soviet-German Combat Operations, April-August 1942*，2009)和《斯大林格勒大决战——1942 年 9 月到 11 月》(*Armageddon in Stalingrad: September-November 1942*，2009)。格兰斯在一篇文章中写道，由柳碧卡·埃里克森(Ljubica Erickson)和马克·埃里克森(Mark Erickson)合作编辑的《苏联——战争、和平与外交》(*Russia: War, Peace and Diplomacy*，2004)一书中不仅包含他所写的《苏德战争中被遗忘的战斗，1941—1945》(*Forgotten Battles of the Soviet-German War, 1941—1945*)，同时也包含其他关于东线战场的重要文章。理查德·奥弗里(Richard Overy)所写的《苏联战争》(*Russia's War*，1997)是一部经典作品。安东尼·比弗所写的《斯大林格勒》(*Stalingrad*，1998)生动地描写了战斗的场面。在埃里克森所编辑的图书当中，比弗写有名为《斯大林格勒与战争体验研究》(*Stalingrad and Researching the Experience of War*)的一章，他在其中提到，他的研究是非常困难的。

关于纳粹在欧洲和苏联西部的统治，你可以看马克·马佐尔(Mark Mazower)所写的《希特勒的帝国——纳粹对欧洲占领区的统治》(*Hitler's Empire: Nazi Rule in Occupied Europe*，2008)，这本书可以替代亚历山大·达林(Alexander Dallin)所写的久负盛名的《德国在苏联的统治：1941—1945 年》(*German*

Rule in Russia 1941–1945，1981）。在戴维·切萨拉尼（David Cesarani）所编辑的《最终的解决方案——发端与实现》（*The Final Solution: Origin and Implementation*，1996）一书中，克里斯托弗·布朗宁（Christopher Browning）所写的《希特勒与胜利的狂喜》（*Hitler and the Euphoria of Victory*）一章具有相当的权威性，但我还是觉得杰拉尔德·赖特林格（Gerald Reitlinger）所写的《最终的解决方案》（*The Final Solution*，1953）更为中肯。随着共产主义档案的解密，普雷萨克（J.-C. Pressac）的《奥斯维辛》（*Auschwitz*，1989）一书对奥斯维辛集中营作了审慎的研究。在书中，作者提供了很多可靠的统计数字。汉斯·莫姆森（Hans Mommsen）所写的《憧憬与现实之间的第三帝国》（*The Third Reich Between Vision and Reality*，2001）给出了作者的多种解释。亚当·图兹（Adam Tooze）所写的《毁灭之代价》（*The Wages of Desturction*，2006）对德国经济的崩溃另有一番创见。他认为，德国经济的军事化程度要远远超出我们当前的认识。蒙戈·梅尔文（Mungo Melvin）所写的《曼施坦因》（*Manstein*，2010）和布丽吉特·哈曼（Brigitte Hamann）所写的《威妮弗雷德·瓦格纳——希特勒治下的拜罗伊特》（*Winifred Wagner: A Life at the Heart of Hitler's Bayreuth*, 2007）描述了这一历史时期的社会生活。

最后，整个欧洲被希特勒统治会更加糟糕。在战争的后半段，中欧地区面临着被斯大林掌控的可能。在这方面，你可以读克里斯蒂安·温格瓦里（Krisztián Ungváry）所写的《布达佩斯之战》（*Battle for Budapest*，2005）和汉斯·格拉夫·冯·伦多夫（Hans Graf von Lehndorff）所写的《东普鲁士日记》（*Ostpreussisches Tagebuch*，1985），也可以对比阅读亚历山大·菲尔斯特·多纳–施洛比滕（Alexander Fürst zu Dohna-Schlobitten）所写的《一位东普鲁士老人的回忆》（*Erinnerungen eines alten Ostpreussen*，1989）。格茨·阿利（Götz Aly）所写的《希特勒的人民国家》（*Hitler's Volksstaat*，2005）和约阿希姆·费斯特（Joachim Fest）所写的《政变》（*Staatsstreich*，1994）、《帝国的毁灭》（*Der Untergang*，2004）都是很好的德语著作，后者的两部作品分别讲述了刺杀希特勒的行动和地堡中发生的事情。约尔格·弗里德里希（Jörg Friedrich）所写的《火焰》（*Der Brand*，2002）从一个德国人的角度描写了盟军的轰炸行动。

安德鲁·罗伯茨（Andrew Roberts）所写的《掌局者与指挥官》（*Masters and Commanders*，2008）详细地描绘了西线战略的形成过程，你也可以对比阅读马克思·黑斯廷斯所写的《丘吉尔——最好的时代》（*Churchill: Finest Years*，2009）。卡洛·德斯特（Carlo d' Este）所写的《“二战”中的地中海》（*World War Two in the Mediterranean, 1942—1945*，1990）、里克·阿特金森（Rick Atkinson）所写的关于火炬行动的《黎明的大军》（*An Army at Dawn*，2002）、尼尔·巴尔（Niall Barr）所写的关

于3次阿拉曼战役的《战争的钟摆》（*Pendulum of War*，2005）和卡佛勋爵（Lord Carver）所写的《帝国战争博物馆之意大利》（*The Imperial War Museum Book of the War in Italy*，2001）也是我所推荐阅读的。由艾伦·马林森（Allan Mallinson）所写的《英国陆军史》（*The Making of the British Army*，2009）综观了上述的战役。马克思·黑斯廷斯所写的《大决战》（*Armageddon*，2004）是描写德军末日的上佳之作。

对于远东战场，你可以阅读威廉·霍普金斯（William B. Hopkins）所写的《太平洋战争》（*The Pacific War*，2010）、约翰·托兰（John Toland）所写的《日本帝国的衰亡》（*The Rising Sun*，1970）、罗纳德·斯佩克特（Ronald Spector）所写的《鹰与太阳的较量》（*Eagle Against the Sun*，1985）和马克思·黑斯廷斯所写的《涅墨西斯》（*Nemesis*，2007）。